Keyword Series of Psychology

キーワード心理学シリーズ 5　重野 純・高橋 晃・安藤清志 監修

発達

高橋 晃 著

新曜社

キーワード心理学シリーズ　全12巻

＊印既刊

＊1　視覚　（石口彰）

＊2　聴覚・ことば　（重野純）

＊3　記憶・思考・脳　（横山詔一・渡邊正孝）

＊4　学習・教育　（山本豊）

＊5　発達　（高橋晃）

6　臨床　（春原由紀）

7　感情・ストレス・動機づけ　（浜村良久）

8　障害　（大六一志）

9　犯罪・非行　（黒沢香・村松励）

10　自己・対人行動・集団　（安藤清志）

11　パーソナリティ・知能　（杉山憲司）

12　産業・組織　（角山剛）

【監修者】

重野　純（しげの　すみ）

青山学院大学教育人間科学部教授。専門は認知心理学，心理言語学。

1,2,3,4巻を担当。

高橋　晃（たかはし　あきら）

武蔵野大学教育学部教授。専門は発達心理学，文化心理学。

5,6,7,8巻を担当。

安藤清志（あんどう　きよし）

東洋大学社会学部教授。専門は社会心理学。

9,10,11,12巻を担当。

「キーワード心理学」シリーズ刊行にあたって

人類の長い歴史のなかで、今日ほど心理学が必要とされている時代はないでしょう。現代に生きる多くの人々が、社会のなかのさまざまな問題を解決するためには、心のはたらきに目を向けるべきだと考えているからです。心理学はこれまで多岐の分野にわたって発展してきましたが、その過程で分野ごとに専門化が進み、内容的に奥深い知識が要求されるようになりました。生理学、物理学、言語学などの知識が必要な分野もあります。心理学で扱う中心的なテーマも変遷してきました。19世紀には構成心理学からゲシュタルト心理学へ、20世紀には行動主義から認知科学へと心理学者の主な関心は移ってきました。そして現在、心（精神、魂）のはたらきを解明するのに最も深くかかわっていると考えられる脳のはたらきに関心が集まっています。脳研究の目ざましい発展により、人の脳をまったく傷つけることなく、脳のどの場所がどのような心のはたらき――考えたり感じたりすること――に関与しているのかを調べることができるようになりました。しかしこの場合も、心のはたらきを適切にコントロールできるかどうかが研究成果を大きく左右しています。今日、心理学に求められているものは非常に大きいといえるでしょう。

心の問題を考えるとき、情報をどのように受け入れどのように処理するのかを知ること、すなわち人の認知行動を適切に知ることはきわめて重要なことです。「キーワード心理学」シリーズ（全12巻）

では、現代科学のなかにおける心理学の役割を念頭におきつつ、日常生活でよく体験する出来事や現象、対人関係などについて、認知的視点に立って取り上げています。本シリーズでは、心理学の研究者や大学生はもとより一般の方々が容易に理解できるように、本の構成や記述方法を工夫してあります。どの巻も最も重要と考えられる30項目を精選して、項目ごとに独立した読み物として楽しんでいただくことができるようにしてあります。また、一人の著者（一部の巻では2名）が一つの巻をすべて書くことによって、項目ごとの関連や読みやすさの統一が図られています。さらに、もっと深く心理学を学びたい人々のために、巻末には本文であげた実験や調査の文献を一覧にして載せてあります。内容的には最新かつ専門性の高いテーマにも踏み込んでいますから、より深く心理学にかかわりたいという読者の希望にも、十分添えるものと信じております。知識の集積、学問としての心理学の面白さの実感、研究テーマのさらなる発展など、それぞれの目的に応じて、本シリーズを役立てていただければ幸いです。

監修者一同

まえがき

かつて「発達心理学」は「児童心理学」と同義でした。身体の成長が止まる段階で精神発達も完成すると考えられていたからです。確かに、論理的思考能力は青年期に完成します。しかし、人はその後もずっと、環境と自分自身への適応を続けなければなりません。人生のクライマックスを過ぎたと感じても、自分の知識や経験を次の世代に伝えるという仕事が残っています。超高齢期に身体機能の多くを失ったとしても、私たちはその中で幸福を追求することができます。そのような「発達」は、知識の増加や技能の向上を伴うことはありませんが、人間的な成長であることに違いありません。

「発達」は心理学の一つの研究領域というよりも、一つの研究方法です。人の一生という時間軸の中で心の働きを説明しようという試みは、認知の領域でもっとも成功を収めてきました。幼児はおとなの質問に対して、一貫して、自信を持って、誤った答えをすることがあります。この時の誤りのパターンを分析し、その誤りから脱却していく過程を調べれば、おとなの理解や判断がどのような要因によって構成されているのかがわかります。言語の領域でも同じことがいえます。乳児は、ものの名前を最初は一つ一つゆっくり覚えていたのに、ある時「コツ」を覚えて、爆発的に語彙を増やし始めます。また、幼児は、それまで正しい文法で話していたのに、突然、自分から間違った言い回しに変えてしまうことがあります。「発達」という方法を使うことによって、おとなの言語行動を調べるだけではわからない、言語というものの本質が明らかになります。

しかし、幼児期、青年期、老年期でまったく異なる心の働きが存在し、発達段階が断絶しているわけではありません。おとなにも子どもの痕跡がたくさん残っています。おとなが難しい問題を考えるとき思わず唇が動いてしまうのは、幼児期の「自己中心語」の名残です。まわりの環境を自分が望む方向に変えようとする意思は、幼児期から徐々に強くなりますが、成人に達してしばらくするとピークを打ち、老年期に向けて徐々に減退していきます。発達には質的な転換と同時に、量的な連続性も存在します。

本書の各項目はそれ自体が完結した読み物になっていますから、最初から順に読んでいかなくても、目次をみて興味を持った項目を選んで読んでいくことが可能です。また、各項目の解説では、別の項目のページを参照していることも多いので、芋づる式に読んでいくこともできるでしょう。点を線で結び、「発達」を有機的に理解するためには、むしろそのような読み方のほうが適しているかもしれません。

本書は、読み物として面白く、心理学の初心者にも理解できるように書きましたが、大学の「発達心理学」授業の参考書としても大いに役立つだろうと思います。発達心理学の基本的な概念を取り上げて解説しているので、保育士試験、教員採用試験などの、学問的に確立された概念を問う問題が多く出題される試験の勉強の副読本としても役立つでしょう。

一方で、古典的なテーマを扱う場合でも、それに関連する最新の研究成果を紹介するように努めました。この点で、現職の教員や保育士の方が、昔学校で習ったことを思い出し、内容をアップデートする助けになるだろうと思います。

本書の完成に当たり、誰よりもまず、新曜社の塩浦暲さんに感謝の言葉を述べたいと思います。監修者の一人に名を連ねながらなかなか原稿を書き上げられない私を、辛抱強く、暖かく見守ってくださいました。もちろん、内容に関して読みやすくするための適切な助言とサポートをいただいたことは言うまでもありません。本シリーズの企画の段階でお世話になった松田昌代さんにも感謝いたします。私が、松田さんの大胆な提案を安請け合いしてしまったことは、本書の完成が大幅に遅れたことの言い訳の一つですが、そのおかげで本書が発達の全領域をカバーする興味深い内容の本になったと思います。

2011年4月

高橋　晃

目　次

装幀――大塚千佳子
カバーイラスト――いとう　瞳

パート・1

発達の理論

1　氏か育ちか

遺伝か環境か

人の性格や知能が遺伝によって決まるのか、環境によって決まるのかは、発達心理学の大きな論争のテーマです。**遺伝説**によれば、子どもの特定の能力や行動の発現は子ども内部の生物学的な成熟によってもたらされたものであり、**環境説**によれば、子どもが学習[1]によって獲得したものになります。今日では、遺伝的な要因と環境的な要因が相互に力動的[2]な関係を持ちながら発達に影響しているという考え方が一般的ですが、ここでは論争の原点に戻って、遺伝の影響と環境の影響の両方について理解しておくことにしましょう。

遺伝を重視する立場

ゲゼルは遺伝的には同一の条件を持つ一卵性双生児[3]の乳児2人T君とC君を対象に階段登りの実験を行い、その結果から成熟の要因の影響が大きいことを示しました[4]。5段の階段のいちばん上におもちゃを置き、T君は生後46週から、C君は生後53週から毎日10分間の訓練を始めました。T君は最初援助なしでは登れませんでしたが、6週間の訓練の後、生後52週には26秒で上れるようになりました。ところがC君は、それまでまったく訓練を受けなかったにもかかわらず、生後53週には一人で階段を登ることができました。このときは45秒かかりましたが、2週間の訓練の後、生後55週には10秒で登ることができるようになりました。ゲゼルはこの結果を、階段登りのためには訓練は不要であり、生物学的な成熟によ

1　第4巻「1　学習と学習曲線」参照。

2　この場合、ある特定の時点で二つの要因が相互に影響しながら子どもの発達を特定の方向に導き、その結果が次の発達の時点における両要因の影響力を変えていくというような、時間的な流れの中で起きる複雑な相互作用の存在を意味します。

3　「2　きょうだい・双生児研究」参照。

4　Gesell & Thompson（1929）.

って一定の週齢になればできるようになるのだと考えました[5]。

環境を重視する立場

学習[6]の領域における研究は、恐怖や攻撃性などが経験によって獲得されることを示しました。行動主義[7]の提唱者であるワトソンは、赤ん坊がシロネズミに触ろうとするたびに大きな音を鳴らすと、シロネズミに対して恐怖の兆候を示すようになることを実験的に示しました[8]。観察学習[9]の研究を行ったバンデュラ[10]は、暴力的な人物が登場する映画を見た幼児は、映画と似た状況に置かれたときに、攻撃性を実際に増加させることを示しました。行動の変化を環境要因によって説明しようとする学習研究は、必然的に、性格などの個人差の形成にも環境要因が重要であることを主張する立場に立ちます。

ワトソン[11]は、実際にそのような実験を行ったわけではありませんが、「私に五体満足で健康な12人の赤ん坊が与えられ、彼らの育つ世界を私の言うとおりにできたとしよう。そうすれば私は、そのうちのどの赤ん坊であれ、その子の才能、好み、性向、能力、適性、血筋にかかわりなく、医師、弁護士、芸術家、いや乞食や泥棒であろうと、どんな種類の専門家にでもしたてて見せよう」と豪語しています。

遺伝も環境も

その後の研究の進展によって、遺伝要因あるいは環境要因の一方によって決められる個人の特性はほとんどないことがわかってきました。遺伝要因（成熟の要因）が強く働くと考えられる初期の運動発達であっても、新生児期に歩行反射[12]を繰り返し経験させると、生後

---

5 この結果については、乳児が日常生活の中で平らな場所をハイハイすることが間接的な訓練になっていると解釈することも可能です。

6 心理学用語としての学習は「経験によって生じる比較的永続的な行動の変化」と定義されます。

7 20世紀前半に盛んになった心理学の潮流ですが、「意識ではなく観察可能な行動を対象とする」という方法論的主張は、現代心理学にも受け継がれています。

8 Watson & Rayner（1920）.

9 他者の行動を観察するだけで起きる学習。

10 Bandura, Ross, & Ross（1963）.

11 Watson（1930）.

12 「4　発達段階」参照。

12ヵ月ごろの随意的な歩行の開始が早まることが明らかにされました[13]。

一般的には、イヌに噛まれるなどの怖い経験をすることで恐怖心が生まれると考えられますが、特定の対象に対する恐怖心には遺伝要因が影響しています。アカゲザルの観察学習の実験では、花やウサギに比べて、個体の生存に重要な影響を与える可能性のあるヘビなどの対象には容易に恐怖が形成されました[14]。

一方で、ヘビなどの「見慣れないもの」に対する恐怖は、条件づけとは異なる道筋で後天的に形成される可能性があります。ヘッブ[15]は、経験を重ねて「見慣れたもの」が形成されると、それとは大きく離れているものは、知覚的矛盾によって恐怖を引き起こすと主張しています。たくさんの種類の四足動物を見ることが、ヘビに対する恐怖の原因になるというわけです。

私たちが持っているさまざまな恐怖心は、自分が思っている以上に複雑な過程によって形成されるようです。

遺伝要因と環境要因の影響の仕方に関して、当初は、両方の要因が相互に独立に働いている、すなわち心理学的特性は遺伝要因による部分と環境要因による部分の加算的合成[16]であると考えられていました。たとえば、身長の何パーセントが遺伝で決まるのか、知能の何パーセントが環境要因の影響を受けるのかという形で問題が設定されていました。しかし、現在では、遺伝要因と環境要因は相互に影響を及ぼしあいながら乗算的に働くのだと考えられています。

13　Zelazo, Zelazo, & Kolb（1972）.

14　Cook & Susan（1989）.

15　Hebb（1972）.

16　このような考え方を**輻輳《ふくそう》説**と言います。輻輳という言葉は、自転車の車軸に集まるスポークのように、複数の要因が、相互に無関係に、同時に影響を及ぼしていることを表しています。

環境閾値説

遺伝要因と環境要因の相互作用を比較的単純な形で示したモデルとして、ジェンセン[17]による**環境閾値《いきち》説**があります。生得的に持っている特性が環境要因の影響によって発現する際に、閾値が存在するという考え方です。閾値というのは、刺激強度が、ある値より小さい場合にまったく反応が起きず、その値を超えると全面的な反応が起きる場合の境目の値です。図1-1はジェンセンの説を東[18]が解説したものです。一般的に、好ましい環境にあるほど遺伝的な可能性は顕在化しやすくなります。しかし、特性によっては、環境条件にあまり恵まれなくても顕在化するでしょう（特性A）。逆に、最適の環境にあって初めて顕在化するような特性もあるでしょう（特性D）。多くの特性はその中間にあると考えられますが、環境条件のあるところで遺伝的可能性の顕在化率に比較的大きな変化が見られる場合（特性B）と、ほぼ全範囲で比例関係が見られる場合（特性C）があるでしょう。

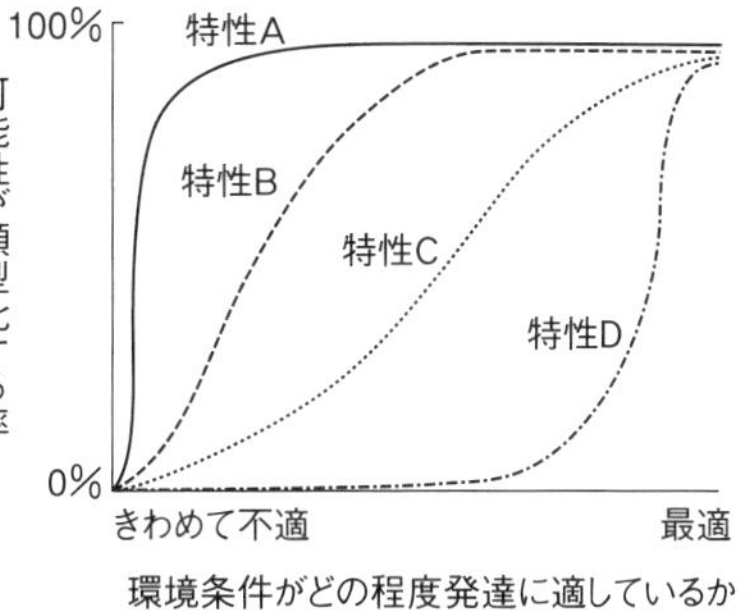

図1-1　ジェンセンの環境閾値説（東, 1969）

遺伝要因と環境要因の乗算的関係は、個人差に着目する場合には**反応レンジ**という概念によって整理することができます[19]。たとえば、身長や知能指数は、貧困な環境では誰もが低くなり、恵まれた環境を与えられれば高くなりますが、このとき大きく伸びる人もいればそれほどでない人もいます。このような環境条件の変化に対する反応のレンジ（範囲）は遺

17　Jensen（1968）.

18　東洋（1969）

19　Gottesman（1974）.

伝要因によって決められているという考え方です。

連続的な相互作用

一人ひとりの子どもの発達における遺伝要因と環境要因の実際の相互作用は、環境閾値説に示されるような静的なものではなく、発達の過程で連続的に働く力動的な過程です。たとえば、新しい刺激への好みに生得的な個人差が存在すれば、新しい刺激に積極的な子どもは出生直後から何にでも興味を示し、周囲がそれに応えていろいろな刺激を与え、その結果ますます子どもは知的な好奇心を増進させるでしょう。

トーマスら[20]の研究は、生得的な気質の存在を示唆しています。生後2、3ヵ月の乳児にも明らかな気質の違いが存在し、さまざまな行動指標に見られる個人差は（1）手のかからない子、（2）取り扱いが難しい子、（3）何をするにも時間がかかる子、の3つのタイプにまとめることができます（表1-1）。

しかし、この気質は一生変わらないものではあり

表1-1　乳児の3つの気質

子どものタイプ	周期性	接近・回避	順応性	気分の質
	空腹、排泄、睡眠・覚醒の規則性	新しい人や物に対する反応	環境の変化への順応の容易さ	友好的、楽しげな行動とその反対の行動の比率
手のかからない（Easy）	非常に規則的	積極的に接近	非常に順応的	肯定的な行動が多い
取り扱いが難しい（Difficult）	不規則	回避	時間をかけて順応	否定的な行動が多い
何をするにも時間がかかる（Slow to warm up）	—	当初は回避	時間をかけて順応	やや否定的な行動が多い

20 Thomas, Chess, & Birch (1970).

ません。トーマスらは、同じ気質を持っていても養育者の働きかけによって異なる方向に相互作用が展開することがあると主張します。一般的には（1）のタイプは、周囲からの好意的な反応を引き出し、好循環を引き起こすのに有利な気質です。しかし、このタイプの子どもたちはどのようなしつけにも素直についていくため、場合によっては養育者の偏った基準をそのまま内面化し、学校生活などで不適応を起こす可能性があります。（2）のタイプは、一般的には、育てにくいやっかいな子どもたちです。養育者がイライラして怒りの感情を爆発させれば、子どもの反抗心をいたずらに助長することになるでしょう。しかし、辛抱強い養育者が理性的な対応を心がければ、問題の発生は避けられます。（3）のタイプの子どもたちは、子どもが自分のペースで環境に順応するのを待てる養育者かどうかによって、持ち前の引っ込み思案の傾向が改善されるかどうかが決まります。

　子どもが生まれつき持っている気質が特定の方向への発達を予言するのではなく、その気質と環境との相互作用の展開によって、さまざまな発達の可能性が開けていくのです。

●参考書

R・M・トーマス／小川捷之・林洋一・新倉涼子・岡本浩一（訳）（1985）『ラーニングガイド　児童発達の理論』　新曜社

2 きょうだい・双生児研究

血縁の近さ

個人差の形成における遺伝要因と環境要因の影響を検討するためには、血縁関係にあるもの同士を対象にするのが好都合です。特定の2人の性格や知能を比較したとき、両者が近縁であるほど似ているということであれば、それは遺伝要因の重要性を示しています。一方、同じ血縁関係でも、育った環境が異なると類似性が低くなるのであれば、環境要因が働いていることになります。

血縁と知能の関係

血縁の近さを示す数値として**血縁度**とよばれるものがあります。血縁度は同じ祖先に由来する特定の遺伝子を共有する確率です[1]。

双生児には一卵性と二卵性の二種類があります。**一卵性双生児**は、1つの卵に1つの精子が受精してできた卵が発生途上の早期に何らかの理由で2つに分割され、別々の個体となったものなので、遺伝子は完全に一致し、血縁度は1・0になります。**二卵性双生児**は、たまたま2つの卵が排卵され別々の精子によって受精したもので、血縁度はきょうだいと同じ0・5です。

血縁関係と心理学的特性の個人差との関係は、特に**知能**の領域で多くの研究がなされてきました。ブシャードとマグー[2]によれば、さまざまな血縁関係にある者同士の知能得点の

1　父親または母親の遺伝子が子に伝わる確率は0・5なので、父親または母親と子どもの血縁度は0・5です。きょうだいの場合には、一方の親について計算すると0・25の共有確率になり、両親を合計しての血縁度は0・5になります。父親あるいは母親が違う異母（異父）きょうだいの血縁度は0・25です。

2　Bouchard Jr & McGue（1981）.

相関係数[3]の平均値は、表2-1のようになります。血縁度が高いほど、相関係数が高くなっていることがわかります。一方で、同じ血縁関係であっても、異なる家庭で育てられた場合には、同じ家庭に育てられた場合よりも相関係数は低くなっています。このことは、知能の個人差には明らかに遺伝要因の影響が認められると同時に、環境要因の影響も無視できないことを示しています。

双生児研究

血縁者の中でも、双生児は遺伝要因と環境要因の研究にたいへん都合の良い条件を提供してくれます。一卵性双生児と二卵性双生児[4]は血縁度が異なりますが、家庭内に同年齢の子どもが2人いるということは同じなので、両者の類似度を比べてみることによって遺伝要因の影響を推測することができます[5]。また、すべての遺伝子を共有する一卵性双生児が別々の環境で育てられた場合にどの程度似ているかを調べることによって、遺伝要因の影響の大きさを推測することができます。

知能についてはすでに述べましたが、縦断的研究や老年期の研究の結果は、遺伝要因の影響をさらに強調しています。

ウィルソン[6]の縦断的研究によれば、一卵性双生児の知能指数の相関係数と二卵性双生児の知能指数の相関係数は、3歳の時点でも一卵

表2-1　血縁関係と知能得点の相関係数

血縁関係	血縁度	同一家庭で育つ	異なる家庭で育つ
異母（異父）きょうだい	.25	.31	
きょうだい	.50	.47	.24
二卵性双生児	.50	.60	.52
一卵性双生児	1.00	.86	.72

3　相関係数は2変数の共変関係の強さを示すもので、一方の変数が大きくなるほど他方の変数も大きくなる関係（正の相関）の場合、共変関係が強いほど相関係数は1に近づきます。

4　二卵性双生児の場合には男女の組み合わせもありますが、一卵性双生児と比較する場合には同性の二卵性双生児が選ばれます。

5　外見がより似ているために、一卵性双生児のほうが養育者から同じ扱いを受ける場合が多くなるという違いはあります。

6　Wilson（1983）.

性のほうが高かったのですが、その差は大きくありませんでした。しかし、一卵性双生児の相関係数は子どもの年齢が高くなってもほとんど変わらなかったのに対して、二卵性双生児の相関係数は年齢とともに低下する傾向を示し、15歳では普通のきょうだいと同程度の数値になりました。

マクリーンら[7]によるスウェーデンの80歳以上の双生児を対象にした研究でも、一卵性双生児の相関係数は二卵性双生児よりも高くなりました。年齢が低いときには、親とともに共通の経験をすることが多い双生児も、年齢とともに家庭外の経験の比重が大きくなり、違う友達や違う趣味を持つようになって、それぞれが独自の経験をするはずです。ましてや双生児が老年期になるまでには、それぞれが結婚をして別の家庭を構え、病気や事故なども含めて独自の個人的経験を積み重ねているでしょう。それにもかかわらず、一卵性双生児の相関が高く保たれているのは、遺伝要因の影響が大きいことの証拠と考えられます。

知能と同様に、内向性 - 外向性、情緒安定性などの**性格特性**に関しても、これまでに多くの双生児研究が行われてきました。どの研究でも、一卵性双生児の相関係数は二卵性双生児の相関係数より高く、遺伝要因の影響の大きさが示されています[8]。**性的指向**[9]、**共感性**[10]に関する双生児研究の結果も遺伝要因の重要性を示しています。

出生順位と性格

きょうだいは、遺伝的にはお互いに似ていますが、**出生順位**によって決まる家庭内の環境という点では正反対の位置を占めます。もし、一般的に長子（兄、姉）や次子（弟、妹）に固有の心理学的特性というものがあれば、それは環境要因によって形成されたものです。こ

7　McClearn et al.（1997）.

8　Plomin, Owen, & McGuffin（1994）.

9　異性、同性のどちらに性的な関心を向けるかということで、異性愛、同性愛、両性愛があります。これまでに行われた男性を対象にした性的指向の調査では、一卵性双生児の同性愛の一致率が二卵性双生児の同性愛の一致率より高いことを示しています。ベイリーとピラードの研究では、一卵性の52％に対して二卵性は22％でした。
Bailey & Pillard（1991）.

10　マシューズらは成人中期（中年期）の男性双生児を対象に共感性に関する質問紙調査を実施しました。その結果、一卵性双生児では明らかな相関関係が見られたのに対して、二卵性双生児ではまったく相関がありませんでした。
Matthews et al.（1981）.

の問題は、特に**性格**の領域において研究されてきました。多くの人々が、自分の「体験」から出生順位と性格との関連性を信じているにもかかわらず、心理学的研究の結果は必ずしも一致していません。サロウェイ[11]は、近代の科学史上の研究業績と科学者の革新的な理論の受容を出生順位と関連づけて分析し、出生順位が下の者のほうが革新的な理論を創始し、あるいは受容することが多いことを明らかにしました。サロウェイはこの結果を**進化心理学**[12]的に説明しています。すなわち、後から生まれた子は、兄や姉ができることが自分にはできない状況の中で、親からの投資[13]を多く引き出すために、兄や姉とは違う何か新しいことを、危険を冒してでもしようとすると言うのです。これに対して、出生順位は、たとえ性格形成に影響を与えるにしても、家族の内外から子どもに及ぶさまざまな環境要因の中で、その影響はごくわずかであるという反論があります[14]。

日本では、依田らが１９６３年から約20年にわたってこの問題を研究しました[15]。長子は「自制的」「慎重」「控えめ」などの性格特性を持つのに対して、次子は「快活」「活動的」「甘える」などの特性を持っているとされます。依田は出生順位が性格に影響する要因として、サロウェイがあげているもののほかに、次子が長子を「兄」「姉」とよぶ文化の影響を指摘しています[16]。実際、一卵性双生児においても、一方を長子、他方を次子として差別的に扱った場合には、性格の差異が明確になるという報告[17]があります。しかしながら、出生順位の影響が見られないとする研究結果も多く、日本でも確定的な結論が得られているとは言えません[18]。

11 Sulloway（1996）.

12 「7 進化心理学」参照。

13 親が子どものために時間、エネルギー、金銭を費やすことを言います。注意を向けることも投資です。

14 Conley（2004）.

15 依田明・深津千賀子（１９６３）

16 依田明（１９８３）

17 三木安正・天羽幸子（１９５４）

18 白佐俊憲（２００４）

●参考書

詫摩武俊・天羽幸子・安藤寿康（２０００）『ふたごの研究 ―― これまでとこれから』ブレーン出版

3　家系研究・養子研究

家系図からわかること

ある特性が親から子へ遺伝によって伝えられているか否かは、家系図をたどって調べれば簡単にわかるように思われます。しかし、ある家系に多くの犯罪者や天才が見出されたからといって、それらの特質が遺伝によってもたらされたと断言することはできません。そこには、経済的貧困や知的刺激のような環境要因が同時に働いているからです。一方、子どもと生みの親あるいは育ての親との間の類似度を比較する養子研究は、条件の統制が可能であるため、遺伝要因の影響を科学的に研究する有効な方法です。

カリカック家

ゴッダード[1]は、精神遅滞[2]児の施設で出会ったデボラ・カリカック[3]の家系を調べる過程でたいへん興味深い事実を発見しました。デボラから5代前のマルチン・カリカック・シニアはアメリカ独立戦争の英雄でしたが、戦地から戻る途中で、酒場で働く精神遅滞の娘との間に1人の男の子（マルチン・カリカック・ジュニア）をもうけました[4]。一方、故郷に戻ったマルチン・シニアは、良家の娘と正式な結婚をして長男フレデリックをはじめ7人の子どもをもうけました。マルチン・ジュニアの系統の子孫には精神遅滞が多く見られたのに対し、フレデリックの系統にはそのような者はいませんでした。それどころか、弁護士、牧師、医師など、専門的な職業について社会的に成功した者も多かったのです（図3-1）。

1　Goddard（1912）.

2　原語の feeble-mindedness は通常「精神薄弱」と訳されますが、今日では、英語でも日本語でも、この語は使われず、代わりに「精神遅滞（mental retardation）」、あるいは「知的障害」の語が使われます。

3　名前はすべて仮名です。カリカック（Kallikak）は、ギリシャ語の kalos（良い）と kakos（悪い）を組み合わせて作られました。

4　デボラは、このマルチン・ジュニアの子孫にあたります。

ゴッダードはこの結果から、個人の知能は遺伝によって決まると主張しましたが、今日では「精神遅滞」の判定の基準などに関する方法論上の疑義が出されています[5]。また、たとえ彼の判定基準を受け入れたとしても、２つの系統の違いに環境要因が関与していることは明らかです。精神遅滞の母親に育てられたマルチン・ジュニアと裕福な家庭で両親に育てられたフレデリックの置かれた環境は、まったく異なっていたはずです。２つの系統を分けるのは、遺伝要因の違いだけではなく、親の教育水準や経済的地位によってもたらされる環境の違いでもあるのです。

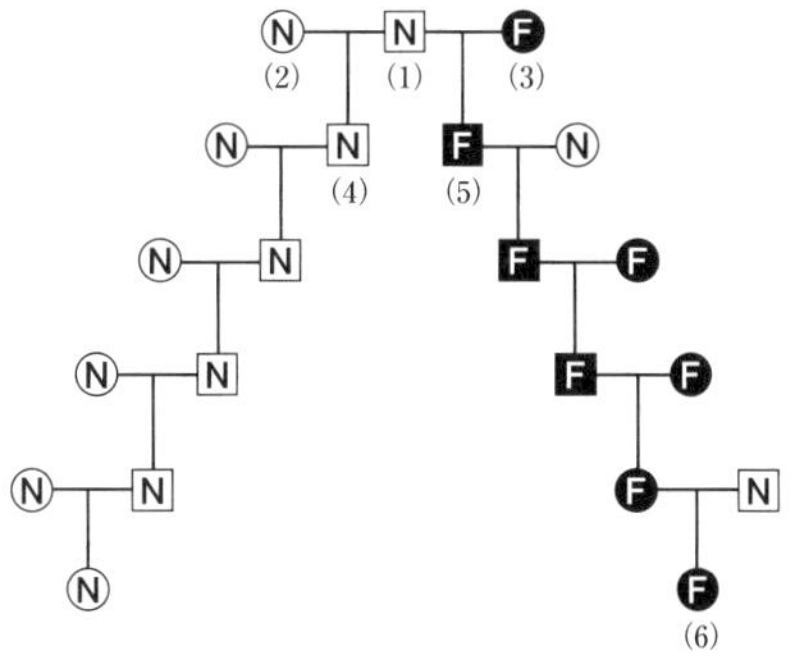

図3-1　カリカック家の家系図（Goddard（1912）を改変）

(1)マルチン・カリカック・シニア　(2)正式の妻　(3)未婚の母
(4)フレデリック　(5)マルチン・カリカック・ジュニア　(6)デボラ
図中のNは健常者、黒抜きのFは精神遅滞者を示している。

ジューク家

ダグデール[6]は、仕事で訪れたニューヨーク州のある刑務所に、お互いに血のつながりがある者が６名いることを発見しました。彼らは別々の事件で収監されていて、名乗っている姓も異なりましたが、同じ家系に属していました。刑務所内をさらに調べると、その数は29名に上りました。近隣の救貧院、刑務所、裁判所の資料を収集し、世代を遡って調べたところ、７世代前のマックス・ジュークを筆頭とする７０９人のジューク一族のリストの中に、犯罪者１４０人が含まれていました。20世紀になってこの家系を再び調査したエスタブルック[7]は、９世代２８２０人の中に１７１人の犯罪者を見出しています。

ジューク家も、長い間遺伝要因の重要性を示す「犯罪者の家系」の事例として扱われてきました。しかし、ダグデール自身が認めている[8]ように、遺伝要因ばかりでなく、劣悪な環境も世代を超えて継承されているのです。

5　Smith（1985）.

6　Dugdale（1877）.

7　Estabrook（1916）.

8　ダグデールやエスタブルックは、結婚などで一族に加わった血縁関係のないものも分析の対象に含めています。また、ダグデールは、ジューク家は単一の家系というより、42の家族の合成であると述べています。

天才の家系

ゴールトン[9]は特定の家系が優れた才能の持ち主を多く輩出することを指摘しました。進化論で有名なチャールズ・ダーウィンは、その父や祖父、母方の祖父も優れた学者あるいは医師であり、その子どもたちにも優秀な学者がいます[10]。バロック音楽のヨハン・セバスチャン・バッハは、その子どもや孫も音楽家として名を残しましたが、伯父（叔父）や大伯父（大叔父）、またいとこにあたる人物も、今日まで作品が残る有名な音楽家です。

日本では、室町時代から江戸時代末期まで続いた絵師（日本画家）の家系である狩野派の例があります。画家集団としての狩野派には血縁関係のない門人も加わっていますが、中心となっていたのは血縁関係でつながった宗家や分家でした。

ゴールトンは天才が遺伝すると考えましたが、偉大な音楽家や学者の子どもたちは、普通の子どもに比べて恵まれた環境にあったことを忘れてはなりません。親が演奏や研究をする姿を常に見ていたでしょうし、楽器や書物など、利用できる資源にも恵まれていたはずです。

養子研究

養子研究では、養子に出された子どもと実父または実母の血縁度[11]が０・５であるのに対して、子どもと養父母との間の血縁度がゼロになることを利用します。環境要因に関しては、子どもと養父母とは環境の一部を共有するのに対して、実父母の環境とは重なりを持ちません。

スコダックとスキールズ[12]は、１００人の養子を12年間追跡して知能の研究を行いました。

9　Galton（1869）.

10　ゴールトン自身も、チャールズ・ダーウィンとは遠い親戚になります。

11　「2　きょうだい・双生児研究」参照。

12　Skodak & Skeels（1949）.

彼らが子どもの知能指数と実父母および養父母の教育水準（知能指数を推定する指標と考えられました）の相関係数を求めたところ、4歳以降一貫して、子どもは養父母より実父母との間に高い相関を示したのです。このことは、養子に出された子どもたちの知能の発達には遺伝要因が大きな影響を与えることを示しています。しかし、子どもの知能指数そのものは、教育水準から推定された実父母の知能指数を大きく上回っていました。養子に出されたことによる環境要因の変化が、知能指数を上昇させたと考えられます。

知能指数の相関係数が血縁度と関連しているという結果は、双生児研究の結果とも一致しています。また、最近の養子研究[13]もこの結論を支持しています。

一方、スコダックとスキールズの研究で見られた、環境条件の改善が子どもたちの知能指数の数値を上昇させるという結果は、介入研究という別の研究方法によっても確認されています。代表的な介入研究であるミルウォーキー・プロジェクト[14]では、極度の貧困家庭の子どもとその母親に対して長期間の教育プログラムを実施することによって、子どもの知能指数が高くなりました。

養子の知能は養父母との間に低い相関しか示さないにもかかわらず、養子に出たことによって知能指数が上昇するという結果は、一見矛盾するように思えます。しかし、次のような説明が可能です。貧困家庭の子どもたちの劣悪な環境条件は、裕福な家庭への養子や社会的介入によって改善され、その結果、その子どもたちの知能指数は全体として上昇します。しかし、子どもの集団の平均値が上昇しても、一人ひとりの子どもの集団内での相対的な位置が大きく変わらなければ、実父母との相関係数はほとんど変わらないのです。

13　生まれてすぐに養子に出された３００組を対象に行われた長期にわたる縦断的研究であるテキサス養子研究プロジェクトでも、子どもと実母の知能得点の間の相関係数は子どもと養父母の間の相関係数よりも明らかに高いものでした。Horn（1983）.

14　Garber（1988）.

●参考書

安藤寿康（２０００）『心はどのように遺伝するか』講談社

4 発達段階
ピアジェの発達段階とエリクソンの発達段階

発達研究では、人生を年齢によっていくつかの時期に分けて記述することが一般的です。区切りとなる年齢については多少議論があるものの、どの立場に立つ心理学者も「乳児期」「青年期」などの用語を使用します。一方、単なる便宜的な区分ではなく、**発達段階**を設けることに積極的な意味を認める考え方もあります。その場合、各発達段階は、理論と関連づけて独特の名称でよばれることになります。

一般的な発達区分

生まれてから1歳半くらいまでは**乳児期**とよばれます。乳児期の中でも最初の1ヵ月を特に**新生児期**[1]とよびます。その後、就学するまでが**幼児期**です。幼児期のうち3歳までを幼児初期（幼児前期）[2]とよぶことがあります。小学生の時期は**児童期**です[3]。中学生になると**青年期**に入りますが、厳密には**思春期**[4]の開始が青年期の始まりとされています。青年期は青年前期（中学生の時期）、青年中期（高校生の時期）、青年後期（大学生の時期）に分けることができます。**成人期**は、社会から一人前だと認められる段階で、その開始は時代、社会により異なります。法律・慣習による「成人」の定義とは必ずしも一致しません。40歳あるいは45歳までを成人前期、65歳までを成人中期、それ以降を成人後期（老年期）とよぶことが一般的です。このような区分は、理論的立場の違いを超えて、多くの心理学者が

1　新生児は、医学的、法律的には、生後28日未満の乳児を指します。

2　トドラー期（toddlerhood; よちよち歩きの時期）という名称もありますが、日本語としては一般的ではありません。

3　世界各国の初等教育が始まる年齢は6歳が主流で、国による違いは大きくありません。

4　思春期は、青年期と同じ意味で使われることもありますが、もともとは医学・生理学用語で、第二次性徴の出現とともに始まる性的成熟の時期です。英語の puberty は動物に対しても使われます。

共通に用いています。

段階理論と発達段階

発達のもたらす変化に関して二つの対立する立場があります。発達はなだらかな坂を上るような連続的な変化の過程だという立場と、発達は急激な変化と比較的安定した時期とを繰り返す階段状の非連続的な変化の過程だとする立場です。前者の考え方に立てば、発達段階を設ける積極的な理由はありません。後者の考え方では、急激な変化の前後で段階を分けて考えるのが自然です。後者の考え方を**段階理論**とよびます。

発達を、単なる量的な増大ではなく、質的な転換の過程としてとらえることも段階理論の特質です。どの段階においても、能力や行動は相互に連関して安定を保っていると考えられます。身体的成熟や特定の能力の獲得によって次の段階への移行が起きますが、変化は個人の能力や行動の全体に及んで、新たな構造が生み出されます。たとえば、思春期に始まる性的成熟によって異性への関心が生まれ、仲間関係のあり方はそれ以前と根本的に変わります。同時に、性的成熟に伴う身体的変化は青年に自分の身体、さらには自己というものについて強く意識させるようになります。

現在のところ、発達のすべての側面を統一的な段階区分によって説明する理論は存在しません。認知発達の領域ではピアジェ、人格の発達の領域ではエリクソンが段階理論を唱えた代表的な心理学者です。

ピアジェの発達段階

ピアジェは、子どもの思考は、いくつかの質的に異なる段階を経て、おとなの思考に到達すると考えました。生まれてすぐからの**感覚運動期**、2歳以降の**前操作期**、7歳以降の**具体的操作期**、11歳以降の**形式的操作期**の4つです[5]。

子どもは生まれたばかりのときから、**シェマ**とよばれる、自分の持っている行動パターンや知識の枠組みを利用して周囲の環境とかかわっています。新生児にはたくさんの**反射**[6]が備わっていますが、それらの反射は最初のシェマとして働きます。生まれたばかりの赤ちゃんはほほに触れたものを口の中に入れて吸おうとしますが、口の中に入らないものもありますし、吸ってもお乳が出ないものもあります[7]。やがて赤ん坊は自分のシェマを修正し[8]、母親の乳首や哺乳瓶の感覚だけを特定の運動と結びつけるようになります[9]。さらに、手でつかんだものを口に運んでしゃぶるというように、複数のシェマを協調させて複雑なシェマを構成することもできるようになります。しかし、この段階では、母親の体の一部としての乳首を理解しているわけではありませんし、自分の行動そのものについて考えることもできません。感覚と運動を適切に結びつけることによって周囲に適応しているのです。

感覚運動期の終わりに出現する**表象**[10]は、子どもの思考に質的な転換をもたらします。表象とは、あるものを代わりのもの、たとえばジェスチャーやイメージや言葉、に置き換えること、あるいはその置き換えたものを言います。表象の機能が現れると、子どもはその場にないものについて考えることができるようになり、試行錯誤によってではなく、見通しを持って問題を解決するようになります。目の前の人の模倣をするだけでなく、ずっと前に見

5　Piaget（1953）／芳賀純（訳）（1966）.

6　新生児の反射には、（1）適応的な意味を持つもの、（2）進化の過程での適応的な意味が推測されるもの、（3）意味が不明なもの、の3つのグループがあります。（1）としては、口の中に物が入ると規則的に吸引する吸啜反射、ほほに触れる物があるとその方向に顔を向けて口の中に入れようとする乳探し反射などがあります。（2）には、掌に棒を当てると強く握り締める把握反射、腋下で身体を支えて平らな面に足裏を付けると歩く動作をする歩行反射などがあります。

7　対象を既存のシェマに取り込もうとする働きを**同化**とよびます。

8　対象の特徴に合わせてシェマを調整する働きを**調節**とよびます。

9　同化と調節の連続的な相互作用によって、調節されたシェマが最終的に対象を同化できるようになる過程を**均衡化**とよびます。

10　「11　表象」参照。

たことを思い出して模倣することもできます。「ふり」や「見立て」が可能になって、ごっこ遊びが始まります。描く感覚を楽しむだけでなく、絵で何かを表現するようになります。そして何よりも、言葉という効率的なコミュニケーションの手段を得て、子どもが理解できる世界が大きく広がります。

ピアジェの4つの発達段階のうち、感覚運動期以外の3つの段階の名称は**操作**に関連しています。操作とは、心内で行われる可逆性を持つ変換を意味します。頭の中で対象物を区分したり、統合したり、変形したりする論理的思考のことです。操作が可能になれば、多数の茶色のビーズと少数の白のビーズ合計20個があるとき、ビーズ全体のほうが茶色のビーズよりも多いことを理解できます。また、ボール状の粘土がソーセージ状になって一見重くなったように見えても、頭の中で変形を逆にたどって重さが変わらないと判断できます[11]。前操作期から具体的操作期に移行すると、子どもたちは操作を行うことができるようになりますが、この段階では、操作の対象が、目の前に存在したりその姿を思い浮かべたりすることができる具体物に限定されます。形式的操作期になると、眼には見えないものでも、現実にありえないことでも、推論の形式をたどって抽象的に思考することができるようになります。形式的操作によって「理想」を考えることができるようになった青年は、権威に対する反抗心を強めます[12]。

エリクソンの発達段階

エリクソン[13]は、フロイトの精神分析理論を踏まえて研究を進め[14]、人生は8つの段階に分かれ、それぞれの段階には固有の**危機**が存在すると主張しました（表4-1）。危機と

---

11 「21 保存課題」参照。

12 「24 形式的操作」参照。

13 Erikson（1950）／仁科弥生（訳）（1977/1980）.

14 フロイトがリビドー（性のエネルギー）という生物学的要因を重視して、乳児期・幼児期を中心に成人期までの発達を論じたのに対して、エリクソンは社会的歴史的要因も重視して、老年期までのライフサイクルを論じました。フロイトの影響は発達段階の名称にも表れています。エリクソンの最初の3つの段階は、フロイトの口唇期、肛門期、男根期に相当します。

いう言葉は、破局のような脅威ではなく、発達における一つの転換点を意味します。人は、危機の中で体験する心理的な緊張や葛藤を乗り越えることによって、好ましい資質を身につけて次の段階に移行することができるのです。

乳児期に出会う最初の危機は、**基本的信頼対不信**です。生まれたばかりの赤ん坊は、自分の身体と外部の世界、あるいは自己と他者がまだ未分化です。また、赤ん坊は未熟で養育者の世話を受けなければ生きていくことができません。その要求は即座に満たされるとは限らず、待たされたり放置されたりして不信を体験することもあります。しかし、多くの場合、養育者は赤ん坊の要求に応え、抱擁して安心させます。このような養育者との関係を通じて、赤ん坊は世界と自分自身に対する基本的な信頼を形成します。

1歳になった子どもは自分の身体を思い通りに動かしたいという自律性を持ち始めます。一方で、その試みが失敗したときには、自分の能力に対する疑惑と恥の感覚が生まれます。排便の習慣の形成はその良い例です。子どもは自分の肛門の筋肉をコントロールしようとしますが、どんな子どもでも時には失敗し、強い羞恥を感じます。しかし、この時期の全体のバランスの中で自律性のほうが上回っていれば、危機は乗り越えられたことになります。

子どもが3歳になると、その生活空間は急速に拡大し、自分で目標を定めて自発的に行動することが多くなります。また、男女の区別を理解し始め、大きくなったときのことを考えて、特定の人物に同一視を行います。一方、子どもなりの良心が形成されるため、誰かに見つかったときに感じる恥に代わって、誰も見ていなくても感じる罪悪感が生じます。

小学校に進むようになると、学びたい、知りたいという願望が顕著に表れます。一方、子どもは仲間と比較して自分の能力を評価することができるようになります。その結果、しば

表4-1　エリクソンの発達段階

一般的な発達区分		エリクソンの発達段階	危機
乳児期	1歳になるまで	口唇－感覚期	基本的信頼対不信
(乳児期) 幼児初期	1歳〜2歳	筋肉－肛門期	自律対恥と疑惑
幼児期	3歳〜6歳	移動－性器期	自発性対罪悪感
児童期	6歳〜12歳	潜在期	勤勉対劣等感
青年期	12歳〜20歳	思春期と青年期	同一性対役割混乱
成人前期	20歳〜40歳	若い成年期	親密さ対孤独
成人中期	40歳〜65歳	成年期	生殖性対停滞
成人後期	65歳以降	円熟期	自我の統合対絶望

しば劣等感を味わいます。劣等感を克服して勤勉さを獲得することがこの時期の課題です。

青年期になると、さまざまな「自分」を統合する試みが始まります。以前の自分と今の自分との不連続、状況によって異なる行動をする自分、自分から見た自分の意味と他者から見た自分の存在とのズレ、青年はその混乱を超えて**アイデンティティ（同一性）**[15]を確立しなければなりません。アイデンティティは、本質的な自己定義を意味する言葉です。アイデンティティを確立した青年は「自分は何者か」「将来何になろうとしているのか」という問いに対して、自信を持って肯定的に答えることができます。

アイデンティティを確立して成人前期に入ると、特定の人と固い絆で結ばれた友情や愛情の関係を結ぶことができるようになります。それは、相手に合わせたり相手を取り込んだりするのではない、お互いを尊重する関係です。しかし、一方では、親密な関係を形成することで自分をなくしてしまうのではないかという不安を感じ、他者から距離を置いて孤立することもあります。親密さが優勢になることで、安定した結婚生活を送ることが可能になります。

成人中期には、次の世代を育てることに責任を持たなくてはなりません。それは、自分の子どもを育てることであり、職場で次の時代を担う若者を教育することであり、次の世代にも残る創造的な作品を生み出すことです。その責任を引き受けなければ、自己愛に終始して停滞する感覚を味わうことになります。生殖性が停滞を上回ることが重要です。

老年期になると、それまでの人生を振り返って、社会的な成功や不幸な出来事の有無にかかわらず、意味のある幸せな人生だった、これでよかったのだと考えられるようになります。しかし、一方で、実現できなかった目標と残りの時間の少なさに絶望することもあります。絶望を乗り越えて自我を統合することによって、危機を乗り越えることができます。

---

15 同一性（identity）は広い意味を持っているので、正確には「自我同一性（ego identity）」と言うべきです。ただし、カタカナで「アイデンティティ」と書いた場合には、通常、自我同一性を指します。

●参考書
R・I・エヴァンズ／岡堂哲雄・中園正身（訳）（１９８１）『エリクソンは語る —— アイデンティティの心理学』新曜社

5　ひとり親家庭

非伝統的家族の影響

離婚、死別、未婚の出産などの理由で、母親または父親のいずれか一方と子どもが暮らす家庭を、**ひとり親家庭**あるいは**単親家庭**とよびます。離婚の増加とともにひとり親家庭も増加しましたが、日本でも米国でも、離婚後は母親が子どもを養育する比率が高いため、母親と子どもからなる母子家庭の数は、父親と子どもからなる父子家庭よりはるかに多くなっています。ひとり親家庭を生み出す最大の原因である離婚[1]は子どもの発達に悪影響を与えるのでしょうか。離婚後の子どもは、父親ではなく母親に引き取られるほうが望ましいのでしょうか。

両親の離婚の影響

アマトとキース[2]は、両親の離婚の子どもへの影響に関して１９５０年代から行われた92の研究をもとにメタ分析[3]を行い、離婚したひとり親家庭の子どもと離婚経験のない家庭の子どもとを比較して、影響を統計的に評価しました。離婚家庭の子どもは非離婚家庭の子どもよりも攻撃性や非行などの行動上の問題を起こすことが多く、離婚の影響は明らかでした。しかし、子どもへの影響は離婚後の年数とともに薄れる傾向があり、離婚が多くなった最近の研究は、離婚の影響をそれほど強く報告していないこともわかりました。

ウォーラースタインらが１９７１年にカリフォルニア州の１３１人の子どもたちを対象に

1　厚生労働省の「平成18年度全国母子世帯等調査」によれば、母子家庭の80%、父子家庭の74%が離婚を原因としています。

2　Amato & Keith（1991）.

3　同じテーマについて独立に発表された複数の学術研究の結果をとりまとめ、その全体に対して改めて統計的分析を行う方法。

開始した縦断的な面接研究の成果も、離婚が子どもに与える否定的な影響が10年[4]、場合によっては25年[5]の長期間に及ぶことを示しています。家族が解体するストレスの直接的な影響は2年ほどで和らぐとしても、経済的困窮や継続的な両親の葛藤による生活の質の低下が長期的な影響を及ぼすようでした。

離婚が子どもに与える影響を示すデータは、重なりのある2つの分布の平均値に差があること、あるいは問題行動を起こすケースの比率が離婚群に相対的に高いことを示しているにすぎません。離婚すれば必ず子どもに問題が起きるというわけではなく、非離婚群の子どもには何の問題もないというわけでもありません。

重要なのは、離婚を決断した親が、子どもが離婚後の環境に適応できる条件をできる限り整えることです。離婚をしなければならないほど深刻な夫婦間の葛藤も、子どもの側からは別の形に見えています。子どもが両方の親への忠誠心を持ち続けていることを考え、離婚の理由の十分な説明、離れて住む親との継続的な接触の維持などを行うことによって離婚の影響を和らげることができます[6]。

子育てに向いている性

多くの社会において、伝統的に子育ては女性の仕事とされてきましたが、女性の社会進出に伴って、両親がいる家庭でも子育てを主として父親が分担する家族が増えてきています。一般的に、父親による子育ては、子どもに不利益をもたらすのでしょうか。

両親のいる米国の中産階級の家庭を対象に幼児期から青年期まで縦断的に行われた研究[7]によると、父親が主な養育者である群と母親が主な養育者である群との間に、知能や学業成

4　Wallerstein et al.（1988）.

5　Wallerstein, Lewis, & Blakeslee（2000）／早野依子（訳）（2001）

6　棚瀬一代（2007）

7　Radin（1994）.

績に関する差は見られず、パーソナリティのいくつかの側面で見られた差も、どちらかの群に一貫して有利な結果を示すものではありませんでした。

ひとり親家庭に関しても、父親の育児が母親より劣っているという証拠はありません。米国の中学生を対象にした大規模な調査の中で、父子家庭の子どもたちと母子家庭の子どもたちとの間に一貫した差異は認められませんでした。また、離婚後に子どもが同性の親と暮らすことが有利になるという傾向もありませんでした[8]。

ひとり親家庭の置かれている状況

両親の離婚が子どもに長期的な影響を与えることがあるにしても、ひとり親家庭であること自体が子どもに不利益になるわけではありません。カナダの高校生に対して行われた幸福度に関する調査[9]は、両親のいる家庭の子どもとひとり親家庭の子どもの違いを示していません。青年期の幸福度は、家族の構造ではなく、ひとり、あるいは2人の親の、育児スタイルと相関していました。共感的で押しつけがましくない育児スタイルをとる親の子どもが、ひとり親家庭か否かにかかわらず、心理的に適応していたのです。

しかしながら、ひとり親家庭、特に母子家庭が経済的に困窮していることは間違いありません。２００６年の厚生労働省の報告[10]では、母子家庭の平均所得は全世帯の平均を大幅に下回っています。世帯人員1人当たりの所得金額で見ると、母子家庭の平均は全世帯平均の3分の1以下です。これは、母子家庭の母親の完全失業率が一般世帯よりも高く、就業していても常用雇用が少ないこと、父親と養育費の支払いの取り決めをしていない、あるいは取り決めをしていても支払われないことなどが原因です。母子家庭が置かれている経済的状

8　Downey & Powell（1993）.

9　McFarlane, Bellissimo, & Norman (1995).

10　厚生労働省（２００６）

況は米国においても同様[11]です。

親の社会経済的地位が出生前から成人期までの子どもの健康、知的発達、社会性に広く影響を及ぼすこと[12]を考えれば、ひとり親家庭の問題として、まず経済的困窮を考えるべきでしょう。

ひとり親家庭の子どもに対する先入観

ひとり親家庭であることが子どもの不適応の原因になることを示す明確な証拠がないにもかかわらず、日常生活では、ひとり親家庭、特に父子家庭の子どもに対する偏見が広がっています。このことを実験的に示した研究[13]があります。10歳の少年が家庭や学校で友達とかかわるシーンをビデオで見るときに、3群に分けて、少年の両親が離婚して「父子家庭である」、「母子家庭である」、離婚はなく「両親と暮らしている」という「予備知識」を与えました。ビデオを見終わってから、少年のパーソナリティや日常行動の予測を求めると、「両親と暮らしている」という情報を与えられた場合に、少年はもっとも適応しているという評価を受けました。責任感があり、友達関係もうまく築け、リーダーシップのとれる人だと見られたのです。一方、「父子家庭である」という情報を与えられていた場合には、適応の評価はもっとも低く、非行をする可能性がもっとも高いと見られました。研究の対象には、ソーシャルワーカーや教師という専門職に就いている人々も含まれていましたが、専門家の間にも、一般の人々と同様、ひとり親家庭に対する否定的な先入観の影響が存在しました。

---

11 U.S. Census Bureau（2006）.

12 Bradley & Corwyn（2002）.

13 Fry & Addington（1984）.

●参考書

H・R・シャファー／無藤隆・佐藤恵理子（訳）（2001）『子どもの養育に心理学がいえること —— 発達と家族環境』新曜社

6　育児文化
日米の比較から

子どもはいつでも親の思うとおりに動いてくれるわけではありません。親は子どもを褒め、叱り、望ましい人間に育てようとします。子どもが悪いふるまいをしたとき、日本の親も米国の親も子どもを叱ります。しかし、その叱り方やその後の対応が日本と米国では異なります。どちらの**しつけ**方略がより有効ということはなく、どちらでも子どもは同じくらい親の言うことをきく（あるいは、きかない）のです。親の子どもに対するしつけ方略は、おとな同士の社会関係を含む全般的な文化システムに深く根ざしているようです。

いい子アイデンティティ

日本では、子どもに対して「**いい子**だから」とか「○○して、いい子だね」と言うことがあります。「いい子」という言葉は、初めて会った子どもに対しても、あるいは、その子が悪いことをした後でさえも使われるのです。東[1]によれば、「いい子アイデンティティ」とは子どもに「自分はいい子だ」と思わせることで形成され、それが身につくと子どもは「いい子だからこうしなければ」と自分で行動を抑制するようになります。子どもが悪いことをしたときに、あまり厳しく叱ってしまうと、自分を「いい子」だと思えなくなり、「いい子アイデンティティ」が壊れてしまいます。これに対して、米国の親は、子どもに「悪いことをした」と自覚させ行動を改めさせるためには、厳しく叱ることが有効だと考えています。

1　東洋（1994）

日米のこのような考え方の違いは、子どもが言うことをきかなかったときの叱り方の変化に現れます。東ら[2]は、3歳8ヵ月の子どもを持つ日米の母親にインタビューをして、「スーパーマーケットでいたずらしている」「壁にクレヨンで絵を描いている」「野菜を嫌がって食べない」などの具体的な状況を述べ、それが自分の子どもだと想像して、どうするかを答えてもらいました。最初に「やめなさい」などと言うのは日米共通です。しかし、「それでも子どもが言うことをきかなかったらどうしますか」と重ねて聞いていくと、日本では母親が子どもに対して譲歩していくのに対して、米国の母親は、禁止の表現や口調をどんどん強めていきました。表6-1はこのときの親の説得の根拠を分類したものです。米国の親の半数が「親としての権威」を持って、子どもに親の言うとおりにするよう求めるのに対して、日本の親でもっとも多いのは、悪いことをするとどうなるかという「結果」を説明することです。「いい子」が悪いことをしたのは、よくわかっていなかったからだ考え、悪い行為の結果どのようなことが起きるかを子どもに説明しようとします。米国では、詳しく説明することよりも、子どもに対して親としての断固たる姿勢を保つことが重要だと考えます。

日本の幼稚園、保育園の5歳児クラスの観察を行ったキャサリン・ルイス[3]は、子どもが悪いことをしても先生は直接叱ることを避け、クラス全体への「お話」や友達からの弱い圧力で自主的に行動を改めることを期待する、と指摘しています。

「いい子」の概念

日本の「いい子アイデンティティ」に基づくしつけは、子どもに新しい状況でなすべきことを考えさせるという意味で、個々の禁止事項を教え込むよりも、発達的に望ましい方略だ

2　東洋・柏木恵子・R・D・ヘス（1981）

表6-1　言うことをきかせるためにあげる根拠の日米比較

根拠	日本	米国
1. 親としての権威	18%	50%
2. 規則	15%	16%
3. 気持ち	22%	7%
4. 結果	37%	23%
5. その他	8%	4%

（表出典：東洋　1994　日本人のしつけと教育　東京大学出版会）

3　Lewis（1984）.

ということもできます。にもかかわらず、米国においてこの方略が使われない理由は、「いい子」の概念そのものが違うことにあります。

東ら[4]は日米の5歳の子どもを持つ母親に、さまざまな項目について、「何歳くらいまでにできるようになってほしいか」を尋ねました。その結果、日本の母親は、「呼ばれたらすぐ返事をする、すぐ来る」などの従順さに関する項目、「朝、家族に『おはよう』と挨拶をする」など行儀に関する項目、「やたらに泣かない」などの感情の制御に関する項目、「1時間くらい一人で留守番ができる」など身の回りの自立に関する項目を、米国の母親よりも低い年齢で達成することを望んでいました。これに対して、米国の母親は「友達を説得して自分の考えやしたいことを通すことができる」などの社会的能力や「自分の考えを他の人にちゃんと主張できる」「納得がいかない場合は説明を求める」などの言語的自己主張に関する項目の早期達成を望んでいたのです。早くできるようになってほしいことは、「いい子」の条件と関係しています。だとすれば、本人や周囲にとって危険な、すぐに行動を止めさせるべき状況で、米国の母親が「いい子だから」と言うことは、子どもに「言い訳」を許すことになり、事態を混乱させることになりかねません。

年長の子どもについての研究も、同様の結果を示しています。10歳から15歳の子どもを持つ母親に「子どもに身につけてほしい大切なこと」を選ぶように求めたところ、日本は、「公共心（規則を守り、人に迷惑をかけない）」と「基本的な生活習慣（健康・安全や身の回りの整理整頓）」や「根気強さ（粘り強く物事をやり通す）」で米国を大きく上回り、米国は「自主性（自分で物事を計画し実行する）」「公正さ（好き嫌いや利害にとらわれず公平に振る舞う）」「創意工夫（進んで新しい考えや方法を見つける）」「指導性（指導力があり他人か

4　東洋・柏木恵子・R・D・ヘス（1981）

ら信頼される）」で日本を大きく上回りました。

気持ち主義

表6-1に示された「言うことをきかせるための根拠」に「気持ち」のカテゴリーがありました。これは、たとえば、野菜を食べない子どもに対して「せっかく作ったのにお母さん悲しい」「お百姓さんが一生懸命作った」などと述べることです。日本では他者の感情に言及し、本人の感情に訴える方略は馴染みがあるものですが、米国で「気持ち」の根拠を用いる母親は日本の3分の1にすぎません。

守屋[5]は、日本と英国の7歳から17歳までの子どもたちに『大きな木（The Giving Tree）』という絵本をナレーション付きのスライドにしたもので見せて、自由に書いてもらった感想文を分析しました。物語の内容は、一本のリンゴの木と一人の少年が老人になるまでのかかわりを描いたもの[6]で、幼児から成人まで鑑賞できるものです。日本の子どもは英国の子どもに比べて「木がかわいそう」「子どもに腹が立つ」などの登場人物に対する自分の感情の表現や、「子どもは木を好きではなかった」「木は悔しかっただろう」などの登場人物の気持ちの推測を多く記述しました。

日本では道徳判断[7]の際にも、気持ちが重要な手がかりになります。東と唐沢[8]は日本と米国の中学生と大学生に「先生に故意に怪我をさせた」「婚約を破棄した」などの情報量が不十分な短い文章を与えて善悪の程度の判断を求め、その後、より的確な判断を下すために必要な情報は何かを尋ねました。日本、米国ともに「動機」がいちばん多かったのですが、日本では2位以下が「行為時およびその後の気持ち」「行為者の性格」であったのに対して、

5　Moriya（1989）.

6　「小さいころ無心にリンゴの木と遊んだ少年は、大きくなるにつれてリンゴの木を訪ねることが少なくなり、訪ねるのは頼みごとをするときだけになった。それでもリンゴの木は再会を喜び、お金や家やボートのために、実や枝や幹を次々と与え、切り株だけになる。最後に、老人となり疲れ果てた男が訪ねてきたときも、木は、自分の上で休んでいくように言う。」

7　「25　道徳判断」参照。

8　東洋・唐沢真弓（1989）

米国では「年齢」「前歴」「損害の程度」の順でした。日本では心情的情報が重視されるのに対して、米国では事実関係の情報が重視されていることがわかります。

親子の距離

親が子どもの感情を直接感知するためには、物理的に近くにいることが好都合です。実際、母子間の距離が日米で違うことは古くから指摘されてきました。3、4ヵ月の乳児に対して日本の母親は乳児との身体的距離を近くとり、抱きかかえる、やさしくゆするなどの行動を多く示すのに対して、米国の母親は身体的な距離を大きくとって言語的な交渉を重視し、顔を見つめる、姿勢を変える、話しかけるなどの行動を多く示しました[9]。

就寝形態も、日本と米国では大きく異なります。日本の2、3歳児を持つ家族では、ほとんどの家庭で、子どもは母親の横あるいは同室のベビーベッドに寝ており、両親の寝室と子どもの寝室が分かれている家庭はごくわずかです[10]。米国との比較では、3歳から6歳の子どもを持つ家庭の場合、米国でもっとも多いのが親と子どもが別室で寝る家庭であり、日本でもっとも多いのが親と同じ布団あるいはベッドで寝る家庭でした。親と同室で布団・ベッドが別という家庭は、日米ともに中間にありました[11]。

最近の欧米の**育児書**は、伝統的な育児方針を修正して日本の育児書との違いが少なくなる傾向にありますが、添い寝に関してはアメリカの育児書は、おとなの権利を守るという視点から、相変わらず否定的な見解を示しています[12]。

満1歳の乳児を対象とした**ストレンジ・シチュエーション法**[13]による**愛着**[14]研究の日米差も、親子の距離と関係があります。米国におけるA型、B型、C型の比率は世界各国のほ

9　Caudill & Weinstein（1969）.

10　篠田有子（2004）

11　金崎芙美子ほか（1998）

12　恒吉遼子&S・ブーコック（1997）

13　「10　愛着」参照。

14　「10　愛着」参照。

ぼ平均ですが、日本ではA型が極端に少なく、その分C型が増えています。この方法は愛着の質を測定するために開発されたものですが、子どもが状況から受け取るストレスが強いほどA型からC型の方向へ移行すると考えられます。母子の分離体験が少ない日本では、ストレンジ・シチュエーションが子どもにとって大きなストレスになるため、A型が減少してC型が増加するのでしょう。

成人を対象とする研究との関連

成人を対象とした日米比較研究の結果も、育児方略と同じ方向を示しています。日米の大学生を対象にした研究[15]によると、対人的な葛藤場面において、米国でいちばん多かったのが、自分の要求実現を目指し相手を従わせようとする「対決」の方略であったのに対して、日本でもっとも多かったのは、自分を抑え葛藤の顕在化を避ける「回避」の方略でした。また、葛藤の原因として、米国では「不当な扱い」があげられることがもっとも多かったのに対して、日本では「誤解」がもっとも多くなっていました。

周囲の自然環境や他者と自分自身とを調整する方法に関しては、米国では、自分の行動によって物理的・社会的環境を変える一次的コントロールが好まれるのに対して、日本では、環境はそのままに自分の考え方や受け止め方を変える二次的コントロール[16]も用いられます。コントロールの主体に関しては、米国では、自律の感覚が重要であるため、個人的直接コントロール[17]が好まれるのに対して、日本では、周囲との調和を保つことができるのであれば、間接的なものであっても、集団的コントロール[18]あるいは代理的コントロール[19]であっても、コントロールのタイプに拘泥しません[20]。

---

15 大渕憲一・小嶋かおり（１９９８）

16 例としては、風鈴の音を聞いて涼をとることなどがあります。

17 例としては、自分が武器を持って強盗を撃退するなどがあります。

18 例としては、近隣で自警団を組織するなどがあります。

19 例としては、警備会社に警備を依頼するなどがあります。

20 Yamaguchi（2001）.

●参考書

東洋（１９９４）『日本人のしつけと教育』東京大学出版会
山口勧（編）（２００３）『社会心理——アジアからのアプローチ』東京大学出版会

7 進化心理学
遺伝子と心

発達には遺伝要因と環境要因がともに影響していることはすでに述べました。しかし、多くの心理学者は長い間、主として環境要因が人間の心や行動に与える影響について研究してきました。その理由の一つは、環境要因では説明できない部分について、分析する道具を持たなかったことにあります。１９９０年代以降に急速に発展を遂げた**進化心理学**は、遺伝要因についての新たな理論的枠組みを提供しました。ヒトの行動も、他の多くの動物と同様に、進化という長い時間軸の上で、**適応**という観点から分析が可能であることを示してくれたのです。ヒトの脳が進化し始めて数万年前に完成するまでの環境と、その時代を生きた人々が生存し繁殖するために直面していたであろう問題から、現代人の行動を説明するためのモデルを導きます。

利己的遺伝子

かつては動物の行動は種の存続のために進化してきたと考えられていましたが、今日では進化の単位は種でも、群れでも、個体でもなく、**遺伝子**だとする考えが主流です。さまざまな遺伝子の中でうまく生き残り次世代に広く受け継がれていった遺伝子は、集団の中に広まることになるでしょう。ドーキンス[1]はこのことを「利己的遺伝子[2]」と表現しました。

もちろん、遺伝子はむき出しでは存在できませんから、遺伝子を持つ個体の生存や繁殖は

1　Dawkins（1976）／日高敏隆ほか（訳）（２００６）

2　「利己的」という表現は、遺伝子がわがままな意思を持っている、あるいは利己的な性格の要因であるという誤解を与えがちですが、この表現は、特定の遺伝子が、結果として多くの世代に引き継がれていくことを意味しているにすぎません。

重要なのですが、遺伝子から見れば、別の個体にある同じ遺伝子が次世代に複製されることも同じ意味を持ちます。鳥類や哺乳類の中には成熟後も親元にとどまり、自分のきょうだいにあたるヒナの世話をするものがありますが、それは、捕食者が多く存在したり、餌や縄張りが制限されたりしているような環境にあっては、自らが繁殖するよりも、親由来の遺伝子を共有している、他のきょうだいの成長を助けるほうが有効だからだと考えられます。

　このような利他的行動の進化の説明は、**血縁淘汰説**とよばれます。ヒトに関しても葛藤や協力に血縁がかかわっていることを示す研究結果があります。米国でも南アフリカでも、父親は、継子に対するよりも、実子に対して多くの金額を学費や生活費として援助しています[3、4]。また、殺人事件に関する統計は、被害者と加害者が血縁関係にある場合よりも、共犯者が血縁関係にある場合のほうがずっと多いことを示しています[5]。

互恵的利他行動

　多くの動物で、血縁関係にない個体間でも利他行動が観察されていますが、それは無条件に起きるものではなく、将来の見返りが期待される場合に起きる取引的な行動です。この互恵的利他行動は、個体間に安定した関係が存在し、互いの個体識別が可能で、事象を記憶する能力があり、受ける側にとってのメリットが与える側のコストより大きい場合に出現します。短期的にはアンバランスに見える利他行動も、相互に繰り返されれば、両者の生存と繁殖にとって有利になります[6]。

　ヒトの場合には、見返りを期待しての親切もあるでしょうが、特定の相手との関係を超えて「困っている人には親切にする」というような社会的規範が存在し、多くの人はその規範

3　Anderson, Kaplan, & Lancaster (1999).

4　Anderson et al. (1999).

5　Daly & Wilson (1988)／長谷川眞理子・長谷川寿一（訳）（1999）

6　Trivers (1971).

に従っているように見えます。しかしながら、規範そのものに生物学的基礎が存在している可能性があります。社会的動物であるヒトにとって互恵的な関係の形成は不可欠ですが、それが規範として一般化されても、守られなければ意味がありません。コスミデス[7]は、一方的に利他行動を享受する側に回ろうとする「裏切り者」を検出する鋭敏なメカニズムがヒトに備わっていることを実験によって示しました。図7-1のような一面にアルファベット、裏面に数字が書かれた4枚のカードを用意し、「母音の裏は偶数である」というルールが守られているかどうかを調べるために必要最小限のカードをめくるとすれば、どのカードをめくるべきかという課題を与えると、大学生でも正答率はかなり低いものでした[8]。しかし、同じタイプの論理的推論を要求する課題でも、図7-2のような「お酒を飲むのは20歳以上である」というような、対人関係のルールにかかわる内容になると正答率が大きく上昇しました[9]。

親子間の葛藤

進化の単位が遺伝子であるにしても、親が無条件に子どもの世話をすることは適応的であるように思われます。しかし、トリヴァース[10]は、親子間にも葛藤が生じることを指摘しています。出生からしばらくの間は、哺乳類の子どもは親の世話がなければ生存することができません。しかし、子どもがある程度成長すると、親は自分の資源（時間やエネルギー）を次の繁殖のために使おうとします。動物は、繁殖年齢まで成長できる子どもの数を最大にするように進化してきたからです。子どもの側は、親が投資をきょうだいではなく自分自身に向けることを求めます。離乳の時期には、早く離乳しようとする親とそれに抵抗する子どもとの間に葛藤が生じます。

7　Cosmides（1989）.

A	K	4	7

図7-1　「母音の裏は偶数である」のルール

ビール	ジュース	24歳	16歳

図7-2　「お酒を飲むのは20歳以上である」のルール

8　正解は「A」と「7」です。

9　正解は「ビール」と「16歳」です。

10　Trivers（1974）.

現代の日本では、夫婦はたくさんの子どもをもうけようとは考えていないかもしれませんが、ヒトの脳が進化する過程で働いていた力は影響を持ち続けています。ヒトの親子間の葛藤の中にも、進化心理学的な基礎を持つものがあるでしょう。

長谷川ら[11]によれば、次子が生まれたときの長子に見られる退行現象も、子どもが親からの投資を引き出すための戦略と見ることができます。親は子どもが小さいときには多くの投資を行います。そのために、親は乳児が出す信号に対して鋭敏に反応するシステムを持っています。大きくなった子どもが退行して、甘えたしゃべり方や膝の上に乗りたがる素振りを見せると、その行動が本物ではなくても、システムが作動します。

心のモジュール理論と発達心理学

進化心理学の中心的な仮説の一つに、**心のモジュール理論**があります。ヒトの心を、汎用コンピュータのような一般的な情報処理メカニズムとして見るのではなく、進化の途上で繰り返し直面した特定の問題に対応するために形成された、領域に固有の情報処理メカニズムの集合として見る考え方です。ヒトが言語を習得するのは、他の種にはない言語獲得のモジュールを持つからだと考えられます。前述した互恵的利他行動で「裏切り者」を検出するメカニズムも、心のモジュールの一つです。

発達心理学の立場から言えば、領域固有のモジュールが存在するということは、乳児が特定の情報を他のものよりも容易に処理し、学習する能力を持って生まれてくることを意味します。顔に対する選好[12]や対象の永続性[13]の実験結果は、領域固有のモジュールの存在を示唆しています。

---

11 長谷川寿一・長谷川眞理子（2000）

12 「8 選好注視法」参照。

13 「9 対象概念」参照。

●参考書

長谷川寿一・長谷川眞理子（2000）『進化と人間行動』東京大学出版会

パート・2

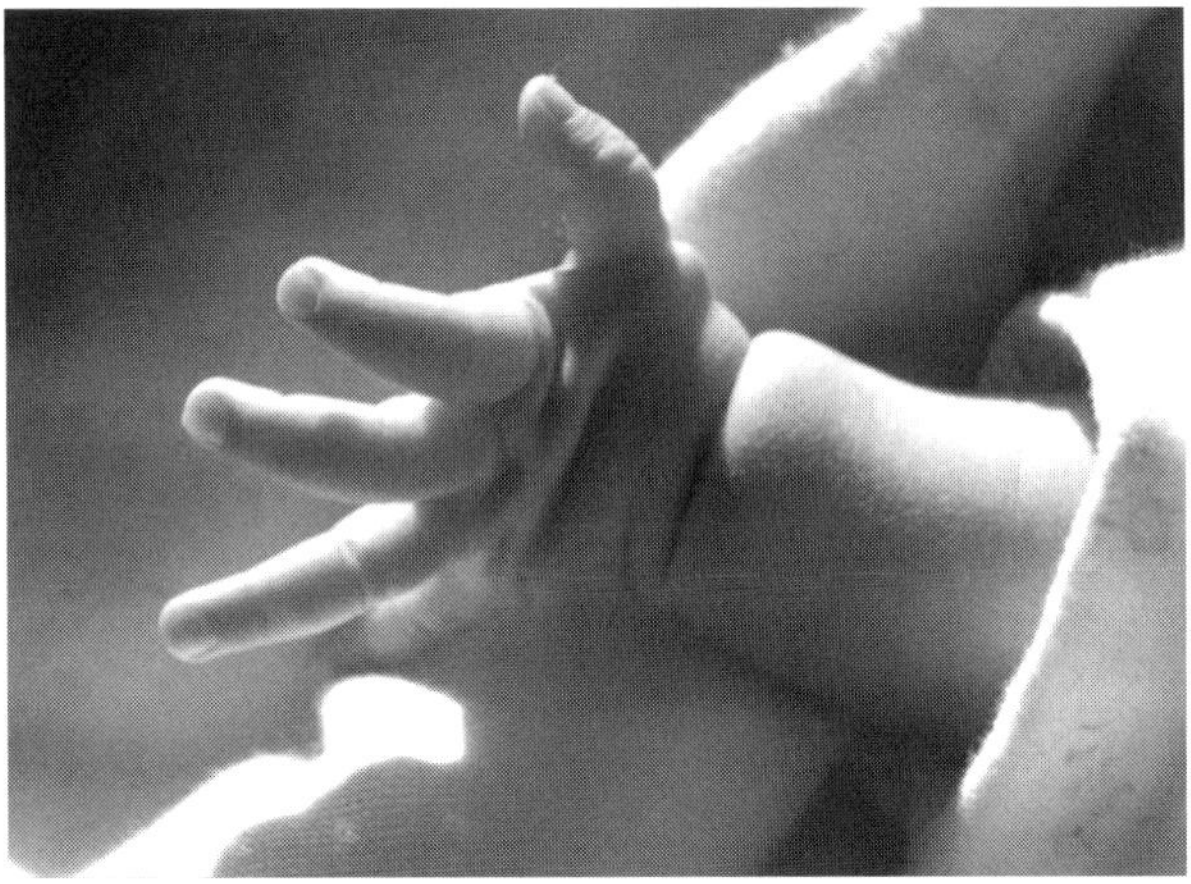

乳児期から幼児期へ

8 選好注視法

好みから感覚能力を調べる

乳児の感覚能力については１９６０年代から研究が進み、一見無力に見える新生児にも微細な違いを識別する能力や養育者とコミュニケーションを行う準備が存在することが明らかになりました。研究が進んだのは、言語的な反応ができない乳児の能力を行動的な指標によって測定する方法が開発されたことによります。タイトルの**選好注視法**もその測定法の一つで、視覚的能力を調べるためのたいへん有効な方法です。乳児に２つの視覚刺激を同時に見せたとき、一方の刺激の注視時間が他方に比べて一貫して長ければ、その刺激が好まれていたことになります[1]。好みが存在するということは、２つの刺激の違いを識別しているということです。ファンツ[2]が組織的に行った選好注視法の実験は、新生児や早期の乳児が単純な図形よりも複雑な図形を好むことを明らかにしました。

選好注視法の基本的な原理は視覚以外の感覚にも応用が可能です。乳児の鼻先から左右にガーゼを垂らし、どちら顔を向けてにおいをかぐかを調べれば、新生児のにおいの好みと嗅ぎわける能力を知ることができます。新生児は乳のにおいを好み、その中でも特に自分の母親の乳のにおいに対する選好を示します[3]。

ファンツ[4]はまた、同じ刺激を繰り返して見せた場合には、その刺激に対する選好注視が減ることを発見しました。このことから、**馴化《じゅんか》－脱馴化法**という別の測定法が開発されました。

1　右または左の位置が好まれているのではないことを保証するために、刺激を提示する位置はランダムに変えます。

2　Fantz（1961）.

3　Macfarlane（1975）.

4　Fantz（1964）.

新生児の視力

新生児が複雑なものを好むことを利用して、選好注視法による視力の測定が可能です。新生児は、一面の灰色のパネルと黒白の縞模様のパネルを同時に見せられると、縞模様の方を長く見ます。縞模様の縞の幅をだんだん細かくしていっても、パターンはむしろ複雑になるわけですから、縞模様への選好は変わりません。しかし、縞の幅が解像力の限界を超えてしまうと灰色との区別がつかなくなり、2つの刺激の注視時間に差がなくなります。区別できる限界の縞の幅と対象との距離から視力を算出することができます。この選好注視法の結果によると、新生児の視力はおよそ0・02です[5]。

新生児は、静止したパターンを見分ける視力は低いのですが、対象物の運動や光の点滅に対しては成人と同等の検出力を示します。人間には、パターンを知覚して同じかどうかを判断する場合に働く視覚システムと、刺激を検出してその方向を見るようにさせる視覚システムの2種類があり、前者は生後2ヵ月以降に機能し始めると考えられています[6]。

顔に対する選好

新生児や乳児は人の顔を好んで見ます。実際、新生児の焦点は抱かれたときに養育者の顔がある距離に合っています[7]。ファンツは選好注視法を使って、乳児に「顔らしさ」に対する好みがあることを示しました。図8-1の図形のaは目、口、鼻や髪が正しい位置に配置された顔のパターン、bはその位置をバラバラに配置したパターン、cは黒い部分の面積がa、bと同じになるように上方にまとめたパターンです。このうちの2つを対にして提示すると、乳児はaをもっとも多く注視し、ついでbへの注視が多く、cへの注視はもっとも

5 下條信輔・Held, R.（1983）.

6 Bronson（1974）.

7 生後2ヵ月を過ぎるまでは、眼のレンズに当たる水晶体の厚さを調節することができないため、焦点が20cm程度の距離に固定されています。

少ないという結果になりました。

ファンツが示した「顔らしさ」への好みは、2ヵ月児以上の乳児については繰り返し確認されています。しかし、新生児の「顔らしさ」への好みに関しては、パターンをゆっくり動かしたときの追視時間に違いが見られるという報告[8]があるものの、通常の選好注視法では、「顔らしい」図形と顔の造作をバラバラに配置した図形との違いが示されていません。静止した顔の図形を見せたときの新生児の視線が、2ヵ月以上の乳児とは違って、内部の目や鼻に向かわずに輪郭の一部に固着していること[9]がその理由だと考えられます。ですから、新生児が養育者の顔を見つめていても、年長乳児と同じ意味で顔を好んでいるのではないかもしれません。しかし、たとえ単に手近にある複雑なものだからという理由であれ、養育者とのコミュニケーションを始めるために好都合な傾向であることに違いありません。

馴化 - 脱馴化法

言葉を使えない新生児や乳児の能力を測定するもう一つの方法に、**馴化 - 脱馴化法**があります。動物や人間は、「物珍しい」刺激を与えられたときに、その方向に顔を向けるなどの定位反応[10]を示します。同じ刺激を繰り返すと、定位反応はだんだん減衰し、ついには消失します。この過程を**馴化**とよびます。馴化が起きた後に刺激を新しいものに変えると、「物珍しさ」に対する反応が回復します。この現象を**脱馴化**とよびます。刺激を変えても、前の刺激との違いが小さくて気づかれなければ脱馴化は起きません。このことを利用して感覚能力を調べようとするのが馴化 - 脱馴化法です。新生児にこの方法を適用した研究[11]は、新生児がさまざまな音の強さや高さを区別できることを明らかにしました[12]。

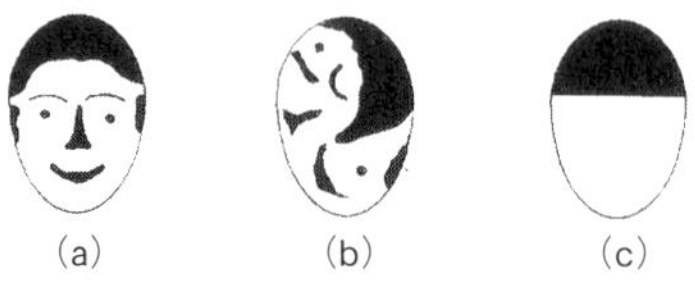

図8-1　ファンツの実験に使用された図形
Fantz (1961).

8　Johnson et al. (1991).

9　Salapatek (1975).

10　定位反応には心拍数の減少や呼吸の変化などの生理的指標の変化が伴います。定位反応に関する研究では、数量的な処理の容易さから、心拍数が指標として多く用いられています。

11　Bridger (1961).

12　純音の高さや強さについて調べた場合、一般に、新生児や乳児の弁別能力は成人に比べて劣ります。

刺激を与えて定位反応を測定するのではなく、刺激の「物珍しさ」が自発的反応の報酬として働くことを利用して、刺激の「報酬としての価値」の馴化‐脱馴化を調べることも可能です。口の中に入ったものを吸う行動は新生児期から見られるので、新生児や早期乳児の研究では、おしゃぶりを吸う反応が指標としてよく用いられます。おしゃぶりを吸うと機械が感知して特定の刺激が与えられるようにしておくと、初めのうち刺激の「物珍しさ」の効果で乳児はさかんにおしゃぶりを吸います。しかし、反応を繰り返すうちに刺激の「報酬としての価値」がだんだん低下するため、おしゃぶりを吸う回数は減少します。このとき新しい刺激に切り替えて反応が回復するかどうかを見れば、乳児の刺激を識別する能力を知ることができます。

言語音声の弁別

アイマスら[13]は、おしゃぶり反応の馴化‐脱馴化によって、乳児が /ba/ の音と /pa/ の音を区別していることを示しました。おしゃぶり反応がもたらす /ba/ の音に効果がなくなったころに /pa/ の音に切り替えると、乳児は再びおしゃぶりを吸い始めたのです。2つの音はまったく違うように感じられるかもしれませんが、実際は、口唇でいったん止められた空気が再び流れ出す時点と声帯が振動し始める時点の時間的なズレ（ＶＯＴ[14]）がわずかに異なるだけです。成人ではＶＯＴが25ミリ秒より短い場合に /ba/ と聞こえ、長い場合には /pa/ と聞こえます。1ヵ月と4ヵ月の乳児はＶＯＴ20ミリ秒と40ミリ秒の違い[15]を区別しましたが、60ミリ秒と80ミリ秒の違い[16]や0ミリ秒とマイナス20ミリ秒[17]の違いは区別できませんでした。この結果から、生後間もない乳児にも、成人と同様に /ba/ の音と /pa/ の

13 Eimas et al.（1971）.

14 Voice Onset Time の略で、有声開始時間と訳されます。

15 /ba/ の音と /pa/ の音に聞こえます。

16 両方とも /pa/ の音に聞こえます。

17 マイナスのＶＯＴは空気が流れ出す前に声帯が振動し始めることを意味します。両者とも /ba/ に聞こえます。

音を２つのカテゴリーに分けて知覚するシステムが存在することがわかります。

その後の研究によって、乳児は成人よりもむしろ多くの音素を弁別できることが明らかになりました。しかしながら、生後６ヵ月ごろから、母語では区別されない母音や子音を弁別する能力を徐々になくしていくのです[18]。

行動の変化と表情の観察

馴化‐脱馴化法は、たいへん鋭敏な検査法ですが、場合によっては、より単純で直接的な方法で乳児の能力を調べることも可能です。たとえば、乳児がおしゃぶりを吸ったときにさまざまな刺激が与えるようにしたとき、刺激によって自発的反応の生起頻度や強度が変わるのであれば、乳児に好みがあるということであり、違いを識別する能力があったということになります。このような方法で、新生児が母親の声を他の女性の声よりも好む[19]ことや、甘い味の液体を好む[20]ことが明らかになりました。

表情も大きな手がかりになります。スタイナー[21]は、新生児が典型的な味やにおいに対して特定の表情を示すことを明らかにしました。甘い味の液体を口に垂らすと、微笑して唇を舐めます。酸っぱい味には、眉間に皺を寄せ、唇をとがらせて瞬きをします。苦い液体には、口を曲げて舌を出し唾を吐こうとします。綿棒ににおいを付けて新生児の鼻先に置くと、腐った卵のにおいには苦い味のときと同じ表情を引き起こします。新生児が成人と同じ快・不快の感情を経験しているかどうかはわかりませんが、異なる表情を示すということは、刺激を区別しているということになります。

18　Werker & Polka（1993）.

19　DeCasper & Fifer（1980）.

20　Crook & Lipsitt（1976）.

21　Steiner（1979）.

感覚間の協応

これまで述べてきたように新生児にはさまざまな能力が備わっていますが、単に鋭敏な感覚能力を持っているだけでなく、視覚や聴覚などの感覚を相互に結びつけているという証拠があります。新生児の左右に置かれたスピーカーから音を聞かせると、反応はたいへんゆっくりとしたものでしたが、音源の方向に顔を向ける反応を示しました[22]。バウアー[23]によれば、偏光フィルターを組み合わせて、実際には触ることができない虚像を生じさせると、新生児はこれに対して手を伸ばし、触ることができないと泣きだします。また、防音室に入った母親が別室からガラス窓越しに見ている新生児に語りかけたとき、マイクロフォンを通した母親の声が、新生児側の部屋の2つのスピーカーの音量の調節によって母親の姿とは違う方向から来るようにすると、新生児は泣きだします[24]。

新生児には、刺激の位置や方向に関して視覚、聴覚、触覚の間の原初的な統合が存在するようです。それは「聞こえるものは見えるもの、見えるものは触れるもの」という信念のようなものです。そのような信念は2ヵ月以降減少し、裏切られたときの混乱もなくなります。

刺激の定位ではなく、知覚パターンを異なる感覚間で結びつけるには生後数ヵ月が必要です。4ヵ月児は、異なる動物が飛び跳ねている2つのスクリーンを見せられたときに、聞こえてくる音のリズムと同期した動きをする動物を選好します[25]。6ヵ月から8ヵ月の乳児に、2個の図形が映っているスクリーンと3個の図形が映っているスクリーンを同時に見せて、中央のスピーカーから太鼓の音を2回あるいは3回聞かせると、乳児は音の回数と同じ数の図形を含むスクリーンを注視しました[26]。

---

22 Muir et al.（1979）.

23 Bower（1979）／鯨岡峻（訳）（1982）

24 Aronson & Rosenbloom（1971）.

25 Spelke（1979）.

26 Starkey, Spelke, & Gelman（1983）.

●参考書

下條信輔（2006）『まなざしの誕生 ―― 赤ちゃん学革命 新装版』新曜社

9 対象概念

同じもの？　違うもの？

おとなは、引出しにしまったものは「なくなった」わけではなく、引出しを開ければまた出てくることを知っています。対象物が見えなくなっても存在し続けることの理解を、**対象の永続性**と言います。おとなはまた、あるものが元の場所から移動しても、その色や形などの属性が同じであれば、それはたぶん同じものだろうと考えます。ある対象物を、前に見たものと同じもの、あるいは違うものと判断する基準について考える場合には、**対象概念**という言葉がしばしば使われます。乳児は、おとなとは違う対象概念を持っているようです。

ピアジェの「対象の永続性」の研究

ピアジェ[1]は、自分自身の3人の子どもたちを対象に観察[2]を行い、見えなくなったものが存在し続けることの理解が乳児期に徐々に形成されることを明らかにしました。

8、9ヵ月までの乳児は、興味を持ったおもちゃに手を伸ばそうとしているときに、おとながそのおもちゃを布や手で覆って見えなくしてしまうと、乳児は取るのをやめてしまいます。ピアジェは、この段階の乳児にとって永続的なもの（対象）という概念はなく、瞬間ごとの視覚的映像があるだけだと考えました[3]。

乳児は、布の下に見えなくなったものを探し出すことができるようになった後も、おとなと同じような対象概念をまだ持っていません。2枚の布を用意して、そのうちの一方におも

1　Piaget（1937）.

2　単に観察するだけでなく、日常生活の自然な状況の中で、身近なものを用いて「実験」を行っています。場合によっては数回同じことを繰り返していますが、「実験参加者」は1人だけです。

3　Piaget（1971）／中垣啓（訳）（2007）

ちゃを隠すと、奇妙な行動を示します。乳児が一方の布の下（A）におもちゃを発見する経験を2、3回すると、別の布の下（B）におもちゃを隠したとき、そのときに隠されるのを見ていた場所（B）ではなく、以前うまく見つけ出せた場所（A）を探しに行くのです。このような誤りはA not Bエラーとよばれます。知識の形成における行為の役割を重視するピアジェは、A not Bエラーは、乳児が対象を独立した存在として理解するのではなく、自分自身の行為に関連づけて理解してしまうために起きるのだと考えました。

12ヵ月を過ぎると、このような誤りはしなくなります。しかし、おとなが手の中に握ったおもちゃを布の下に入れておもちゃをそこに置き、握ったままの手を布から出して乳児に見せると、乳児は手を開けようとしますが、布の下を探すことはしません。おもちゃを最後に見た場所が手の中であり、布の下ではないからです。1歳半を過ぎた子どもたちは、このような見えない置き換えを伴う課題を難なく解決します[4]。

バウアーの仮説

ピアジェが、年少乳児にとって見えないものは存在しないものであると考えたのに対して、バウアー[5]は、年少乳児にも対象概念は存在するが、その概念が成人とは異なるのだと考えました。バウアーによれば、年少の乳児は、対象物を色や形などの属性によってではなく、位置や運動の軌道によって同定します。色や形が変化しても、同じ場所にあるものは同じものであり、同じ軌道上を一定の速度で動くものは同じものです。

同じ場所にあるものが同じものなのであれば、1つの場所には1つのものしかありえないことになります。1つのものが別のものに接して置かれ、輪郭線を共有すれば、それは第三

4　2枚あるいは3枚の布の下に次々と手を入れたとしても、子どもはすべての布の下を探すことができます。

5　Bower（1974）.

のものに変わります。ピアジェの対象の永続性の課題で、乳児が布の下のおもちゃを探さないのは、それが見えないからではなく、1つの場所をおもちゃと布が同時に占めてしまうからです。乳児は、たとえ見えていても、おもちゃが大きな箱の上に乗って輪郭線を共有してしまうと、おもちゃを取ろうとしていた手を引っ込めます。

年少の乳児が位置や運動によって対象物を同定し、属性には注意していないことを示す実験結果があります[6]。中央に置かれたスクリーンの左または右から1つのおもちゃが現れて引っ込み、今度は反対の端から色も形も種類（アヒルとボールなど）も異なるおもちゃが現れて引っ込んだとしましょう。おとなだったら、2つのおもちゃを同時に見ることがなくても、スクリーンの後ろには2つの対象物が存在すると考えます。しかし、属性や種類を考えなければ（あるいは、対象物が属性や種類を自由に変えられるのだと考えれば）、1つの対象物が左右に動いていると考えることも可能です。スクリーンを取り去った後の対象物が2つだった場合と1つだった場合の注視時間を測定すると、12ヵ月児はおとなと同じように対象物の属性や種類を手がかりに数を予測していたのに対して、10ヵ月児は属性や種類の手がかりを使わず、位置や動きから対象物の数を予測していることが明らかになりました。

ベラージョンの実験

ピアジェは手を使った探索行動によって対象の永続性を調べましたが、注視反応の馴化-脱馴化法[7]を用いた実験では、ピアジェが考えていたよりも低い年齢の乳児で対象の永続性の兆候が見られます。

ベラージョンら[8]は、5ヵ月の乳児に「手前に倒れていた板が直立し、さらにそのまま

6　Xu & Carey (1996).

7　「8　選好注視法」参照。

8　Baillargeon, Spelke, & Wasserman (1985).

奥に倒れこんで再びフラットになる。その後、反転して直立し、今度は手前に倒れて元の位置に戻る」という、板の一辺を軸にした１８０度の回転運動を繰り返して見せました。注視時間の馴化が起きた後に奥のほうに箱を置き、乳児は、（a）板が箱とぶつかる１２０度のところで止まり反転するという起こりえる事象、あるいは（b）板が箱を無視して１８０度の回転運動を続けるという起こりえない事象を見せられました[9]。結果は、板の回転角度は１８０度で変わっていないにもかかわらず、乳児は（b）の起こりえない事象のときにだけ脱馴化を示したのです。

乳児は「１つのものが占めている空間を他のものがすり抜けることはできない」という規則を理解していました。それは同時に、「箱は、見えなくなっても奥に存在し続けている」ことの理解でもあります。

対象概念と乳児の日常生活

生後数ヵ月以内の乳児はイナイイナイバーを喜びます。養育者が顔を自分の手で隠すと顔の存在が消えてしまい、手を広げたときに再び現れることが面白いからです。乳児が自分の顔を布で覆い、「世界」を突然出現させて喜ぶこともあります。

見えなくなった人が存在しないのであれば、母親は１日の内に何度も消えては出現することになります。また、違う場所に出現する母親が違う母親なのであれば、乳児にはたくさんの母親がいることになります。部屋を出て行く母親を見ても、唯一無二の母親を追い求める必要はありません。新生児期から聴覚や嗅覚によって母親を識別できるにもかかわらず、人見しりや分離不安が半年を過ぎないと現れないのは、乳児の対象概念と関連しています。

9　（b）の起こりえない事象は、ハーフミラーと照明の切り替えによって現出させました。

●参考書

開一夫（２００６）『日曜ピアジェ——赤ちゃん学のすすめ』岩波書店

10 愛着

心の中の「安全基地」

かつて、乳児と母親の関係は乳児が母親に依存する関係であり、その絆は授乳などの養育活動によって二次的に形成されるものだと考えられていました。これに対してボウルビィ[1]は、乳児の母親に対する情緒的な絆を積極的に評価し、依存に代わって**愛着**（**アタッチメント**）という概念を導入しました。鳥類のヒナや哺乳類の子どもは自分を保護してくれる成体の近くを離れず[2]、その成体から養育行動を引き出すことができます。ボウルビィは、ヒトの乳児も、ある特定の他者に対して強い結びつきを形成する傾向を持って生まれてくるのだと考えました。この特定の人物を愛着人物とよび、愛着人物への接近を求める行動、たとえば、泣く、微笑む、後を追う、しがみつくなどの行動を愛着行動とよびます。

ハーロウの代理母親の実験

ハーロウ[3]は、出生直後のアカゲザルを母親から引き離し、布製と針金製の2台の**代理母親**[4]を与えて育てました。子ザルの半数には布製の代理母親に哺乳瓶が取り付けられ、残りの半数には針金製の代理母親に哺乳瓶が取り付けられていました。布製の代理母親に哺乳瓶が付いていた子ザルは、ほとんどの時間を布製の代理母親にしがみついて過ごしました。針金製の代理母親に哺乳瓶が付いていた子ザルも、ミルクを飲むとき以外は布製の代理母親にしがみついていました（図10-1）。恐怖を感じる物を突然見せられたときには、どちらの

1　Bowlby（1958）．Bowlby（1969）／黒田実郎他（訳）（1977）

2　カモなどの離巣性鳥類に見られるインプリンティング（孵化後最初に見る動くものに愛着を形成する現象）の発見が、ボウルビィの愛着理論に大きな影響を与えました。

3　Harlow（1958）．

4　床に斜めに固定された円筒の上に顔がついているものです。針金製は金網を中空の筒状にしたものです。布製の代理母親は表面がタオル生地でカバーされています。

子ザルも布製の代理母親に飛び帰りました。

　子ザルは、さまざまな物が置かれた見知らぬ部屋に入れられたとき、布製代理母親があると、まずそれにしがみつき、やがてそこを安全基地として、徐々に室内を探索するようになりました。一方、針金製の代理母親があっても、それが安全基地になることはなく、子ザルは床にうずくまったままでした。

　ハーロウは、この実験から、アカゲザルの愛着は授乳によって形成されるのではなく、「接触の慰み（contact comfort）」[5]のような生得的な要因が影響していると考えました。

図 10-1　哺乳瓶のない布製母親にしがみついている子ザル（Harlow & Mears, 1979）

愛着の形成

　生まれたばかりの新生児には移動能力がなく、自分から誰かに近づくことはできませんが、他者を自分のほうに引き寄せて相互作用を開始するメカニズムは備わっています。顔や声に対する選好[6]があるために、新生児は、たくさんの物理的な刺激の中でも特にヒトに対して注意を向けます。新生児に見られる、おとなの舌出しや口を大きく開ける動作に対して同じ表情を示す**共鳴動作**[7]の現象や、おとなの発話のリズムに合わせて手足を動かす**エントレインメント**[8]の現象は、乳児とおとなの相互作用のきっかけを与えてくれます。

　出生直後は誰に対しても同じような行動を示した乳児も、相互作用を続ける中で、特定の人物に対してだけ愛着行動を頻繁に示すようになっていきます。6ヵ月を過ぎると、愛着は明確な形をとります。見知らぬ人の働きかけに視線をそらしたり、表情を硬くしたり、泣いたりする**人見しり**が始まり、愛着人物が離れることに極度の不安を示して激しく抵抗する**分**

5　ヒトの場合にも、乳児が特定の毛布やぬいぐるみを抱くことによって安心感を得る現象が見られます。Passman（1977）.

6　「8　選好注視法」参照。

7　Meltzoff & Moore（1983）.

8　Condon & Sander（1974）.

離不安も現れるようになります。一方で、愛着人物への接触を常に求めるのではなく、いつでも帰れる安全基地として愛着人物を利用し、活発に探索活動を行えるようになります。

内的作業モデル

ボウルビィは、愛着人物と自分との関係が内在化された表象を**内的作業モデル**とよびました。それは、誰が愛着人物で、どこにいて、どのような反応を期待できるかという愛着人物に関するイメージと、自分は愛着人物に受容されているのかどうか、受容されているなら、どのように受容されているのかという自己に対するイメージからなります。内的作業モデルは、生後6ヵ月ごろから徐々に形成されていきます。3歳を過ぎると、愛着人物が実際にその場に存在するかどうかよりも、必要なときに愛着人物に接近することができ、愛着人物が応答してくれるという内的作業モデルを持っていることのほうが重要になります。

ストレンジ・シチュエーション法

エインズワース[9]は、1歳児の愛着の質を測定するための標準的な方法を開発しました。**ストレンジ・シチュエーション法**の実験では、乳児は母親とともに見知らぬ部屋に連れてこられます。その後ストレンジャー（見知らぬ人）が入室し、母親とこのストレンジャーが決められた手順で退室・入室をすることで、全体は8つのエピソードに分けられます（表10-1）。母親との分離と再会の場面での乳児の行動を手がかりに分類すると、乳児の愛着は3つの型に分けられます。

B型は安定愛着型で、母親がいるときには、母親を安全基地として利用し、積極的に探索

9　Ainsworth et al.（1978）.

活動を行います。母親との分離では泣きますが、再会のときには自分から身体的接触を求め、しばらくして安心すると遊びを再開します。ストレンジャーに対しても好意的な態度を示し、母親が退室するときにもストレンジャーの慰めを受け入れます。

A型とC型は不安定愛着型です。A型は回避型ともよばれ、母親が部屋を出て行くときにあまり泣きません。母親が戻ってきたときには自分から接近しようとせず、母親からの働きかけをむしろ避けるようにします。母親の存在の有無にかかわらず探索活動を行いますが、母親がいるときのB型の子どもほど多くはありません。ストレンジャーに対する態度と母親に対する態度にあまり違いが見られません。C型は両面価値型（アンビバレント型）ともよばれ、母親との分離のときに激しく泣きます。母親との再会では、身体的接触を求めはしますが、なかなか機嫌が直らず、怒って母親を叩くこともあります。母親がいるときでも探索行動はあまり示しません。また、ストレンジャーに対して拒否的な態度を示します。

子どもの愛着の型は、母親の子どもに対する応答性と関連しています。一般的に、B型の子どもの母親は乳児のシグナルに対して敏感に応答するのに対して、A型の子どもの母親は応答性が低く、C型の子どもの母親は応答に一貫性がありません。母親との日常的な経験から、A型の子どもは、効果のない愛着行動のシステムを極力使わない方略をとっているのに対して、C型の子どもは、当てにできるとは限らない母親に対して高めにシステムを活性化するように設定しているのです。

その後の研究[10]によって、上記の3型とは別のD型が存在することが明らかになりました。D型は無秩序・無方向型で、母親に近づこうとして急に止めてしまったり、

表10-1　ストレンジ・シチュエーション法の8つのエピソード

エピソード	母親とストレンジャーの行動	室内にいるおとな
1	母親と子どもが見知らぬ部屋に入室する	母親
2	母親は椅子に座り、子どもは自由に遊ぶ	母親
3	ストレンジャーが入室し、母親と会話を始め、やがて子どもに働きかける	母親・ストレンジャー
4	母親が退室する	ストレンジャー
5	母親が入室し、ストレンジャーが退室する	母親
6	母親が退室する	
7	ストレンジャーが入室し、泣いている子どもを慰める	ストレンジャー
8	母親が入室し、ストレンジャーが退室する	母親

エピソード1の所要時間が30秒であるほかは、各エピソードに3分があてられていますが、子どもの反応によっては短縮されることがあります。

動作が止まって凍りついたようになったり、同じ動作を何度も繰り返したりするなど、接近、回避どちらともつかない状態が長く続くことが特徴です[11]。

愛着人物

ボウルビィは、まず母親への愛着が形成され、それを原型として、父親、そして祖父母への愛着形成へと進むと考えていました。そのため、初期の研究はもっぱら母親との愛着関係を扱っていました。しかし、最近の研究は、発達初期から母親と同様に父親[12]や祖母に対する愛着が形成されることを明らかにしています。家族ばかりでなく、保育所の保育士[13]に対しても愛着形成は行われます。現在では、愛着人物に優先順位はなく、子どもは複数の人物に独立して愛着を形成し、それらを統合した内的作業モデルを持つようになるのだと考えられています。

母親に対する愛着の型と父親への愛着の型が一致しない場合が少なくないこと、また、親への愛着の型と保育士への愛着の型が異なり、同じ保育士でも乳児によって愛着の型が異なる[14]ことを考えると、愛着の型は単に乳児の気質を反映するものではなく、乳児と愛着人物との相互作用によって決まるということができます。

乳児期の愛着とその後の発達

乳児期に母親と安定した愛着関係を持った子どもが、情緒や社会性の発達に関して、その後の人生でずっと優位に立っているという証拠はありません。情緒や社会性の発達には、過去の愛着関係だけでなく、その時点での母親との関係や家庭外での対人関係もまた重要だか

---

10 Main & Solomon（1986）.

11 A型やC型がそれなりに組織化された方略であったのに対して、愛着の対象が同時に脅威の対象でもあるような場合に示される、混乱した愛着と言うことができます。

12 Lamb（1976）.

13 Howes et al.（1988）.

14 Goossens & van IJzendoorn（1990）.

らです。しかし、他者との親密な関係の形成に関しては、多くの研究が乳児期の愛着の型との関連を指摘しています。乳児期に母親に安定した愛着を持っていた子どもは、幼児期・児童期に、仲間から好かれることが多く、仲間との親密な関係を形成・維持することができます[15]。家庭においても、きょうだい間の関係が親密になり、ケンカが少なくなります[16]。

成人愛着面接

成人愛着面接[17]は、成人の内的作業モデルを調べるために開発された技法で、子どものころの両親との関係や、激しく動揺した出来事、両親やその他の親密な人との別離の体験と、おとなになった自分にそれらの経験が与えている影響を尋ねます。語りの内容や形式を分析することによって被面接者の内的作業モデルは4つの型に分類されます。安定愛着型である自律型では、過去の愛着経験が、つらい経験も含めてありのままに整合性を持って語られます。子どものころの愛着の経験が現在の自分につながっていることを十分認識しています。

不安定愛着型には3つの型があります。愛着軽視型は、子どものころの愛着を軽視していて、過去の記憶を思い出そうとしません。親を過度に理想化して語ることもありますが、その具体的な根拠を示せません。とらわれ型では、語り全体がとりとめのないものになり、過去の出来事にとらわれて、感情を制御できないこともあります。未解決型は、喪失や虐待などの外傷体験について語るときにだけ思考の合理性が失われ、その体験が心理的に未解決であることが推測されます。

成人の自律型、愛着軽視型、とらわれ型、未解決型は、それぞれ乳児の安定愛着型、回避型、両面価値型、無秩序・無方向型の成人版にあたると考えられます[18]。

---

15 Freitag et al.（1996）.

16 Volling & Belsky（1992）.

17 Main, Kaplan, & Cassidy（1985）.

18 母親の成人愛着面接とその子どものストレンジ・シチュエーション法の結果を照らし合わせた研究によれば、母親の愛着型と子どもの愛着型の間には明確な対応関係が認められます。Levine et al.（1991）.

●参考書

数井みゆき・遠藤利彦（編著）（2005）『アタッチメント――生涯にわたる絆』ミネルヴァ書房

11　表象

心的活動を支えるもの

あるものを別のもので代わりに表すとき、代わりのものを**表象**（representation）とよびます。表象は、記憶、思考、伝達など活動に利用されます。表象と似た言葉として、**象徴**（symbol）や**記号**（sign）があります。表象が主として個体の内部で生起する記憶や思考などの活動の場合に使われるのに対して、象徴や記号は伝達の局面に焦点を当てる場合に多く使われます[1]。また、象徴は表すものと表されるものが自然な関連性を保持している[2]のに対して、記号は両者が恣意的な関係にある[3]という違いがあります。また、象徴の場合には関連づけに個人的色彩が強く見られるのに対して、記号は社会の全員に理解される基盤を持っているという違いもあります[4]。

乳児期の終わりころには、延滞模倣、指さし行動、描画の意味づけ、初語（最初の発話）[5]、「つもり」行動[6]などの新しい行動が出現しますが、これらはいずれも表象機能を基盤にしています。

延滞模倣

延滞模倣は、モデルとなる人物が目の前からいなくなった後でその行為を模倣することです。時間をおいて再現できるということは、モデルの行為を表象の形で保持していたということになります。ピアジェ[7]は1歳4ヵ月の娘ジャクリーヌの延滞模倣を報告しています[8]。

1　伝達の場面で象徴や記号が使われるときに、個体内部では表象が機能しているということもできます。

2　ある動物をワンワンあるいはbow-wowとよぶことがこれにあたります。

3　同じ動物をイヌあるいはdogとよぶことがこれにあたります。

4　表象、象徴、記号の用語の使い分けは、研究者によっても異なります。

5　「13　初語」参照。

6　「20　遊び」参照。

7　Piaget（1945）／大伴茂（訳）（1968）

8　ある日、家を訪ねてきた1歳半の男の子がベビーサークルから出ようとして泣き叫び、柵を押して足を踏みならす様子を、ジャクリーヌはただ驚いて見ていましたが、翌日自分がサークルの中に入れられたときにそれと同じ行動を示したのです。

その後の研究によれば、初めて見る物に対する単純な行為の延滞模倣は、より低い月齢の乳児にも見られます[9]。おとなの表情の模倣の場合には、6週齢の乳児でも24時間後に模倣したという報告[10]があります。

一方、1歳半になると、乳児は、単に行為を模倣するだけでなく、その意図まで理解して模倣を行います[11]。たとえば、おとなが、2つの立方体の積木が棒でつながっているダンベル形のおもちゃを両手に取って左右に引っぱり、一方の手が滑って離れるというシーンを乳児に見せると、乳児は、手が滑るという行動は示さないで、積木を左右に引っぱって棒から外しました。表面的な行動ではなく、行動の背後にある意図を模倣したということができます。

指さしとベビーサイン

11ヵ月を過ぎたころ、乳児はおとなに指で物を差し示す行動をとるようになります[12]。乳児が何かを指さして、親の方を見たり、つぶやいたりするとき、その指は「指」としてあるのではなく、その指の指し示す方向にある何かを表しています。これは表象機能を前提に、自らのジェスチャーを利用しておとなとコミュニケーションが可能になったことを示しています。11ヵ月というのは初語が出現する月齢にあたりますが、発話よりもジェスチャーのほうが得意な子どももいます。最近の研究は、**ベビーサイン**[13]とよばれるジェスチャーをおとなの側が積極的に導入することで、内容豊かなコミュニケーションが可能であることを明らかにしています。何らかの理由で発話が遅れている子どもの場合、ベビーサインには大きなメリットがあるでしょう。

9　Meltzoff (1988).
10　Meltzoff & Moore (2002).
11　Meltzoff (1995).
12　Butterworth (2003).
13　Acredolo & Goodwyn (1988).

描画活動

描画は、イメージなどの心内の表象を紙の上に表現したものであり、象徴の一つと考えられます。乳児の描画は、なぐり描きから始まります。早い子どもでは生後6ヵ月ごろから、鉛筆やクレヨンを握った腕を紙の上でランダムに動かして、その痕跡を紙の上に残します[14]。これは運動の感覚とその運動がもたらす結果の知覚を楽しんでいるのです。1歳半くらいになると、手の運動を統制して、ある形になったところで手の動きを止めることができるようになります。そのときに、紙の上に残された形を自分で命名することもあります。おとなから見ると命名の根拠がわからないものも多いのですが、そこに表象の働きがあることは間違いありません。

一方で、描くという行為に表象の働きを見ることができる場合もあります。「ブーッ」と言いながら横線を引く1歳4ヵ月児や、「ピョンピョン」と言いながら打ちつけるように描く1歳8ヵ月児の事例では、残された描線ではなく、行為そのものが自動車やウサギを表象しているのです[15]。

ブルーナーの表象の様式

ブルーナーは、表象には**動作的表象**（enactive representation）、**映像的表象**（iconic representation）、**象徴的表象**（symbolic representation）の3つの様式があると主張しました[16]。動作的表象は、同じ行為を繰り返して「身体が覚えている」場合や、ジェスチャーで伝達する場合に使われます。前項の自動車やウサギの描画の場合に使われていたのも、この動作的

14 佐々木宏子（1983）

15 山形恭子（2000）

16 Bruner（1964）.

17 ブルーナーの「象徴的表象」は、このトピックの初めに説明した一般的な「象徴」とは異なる意味で使われています。

表象です。映像的表象は、視覚的イメージを使って記憶したり、絵を描いて伝達したりする場合に使われています。象徴的表象は、言葉や数式を指します[17]。おとなは通常もっとも効率的な象徴的表象を使いますが、場合によって表象を使い分けることができます。トランプの「神経衰弱」のゲームでは映像的表象を使うでしょうし、ネクタイの結び方を教えるときには実際に相手の手をとって動作的表象を利用するでしょう。表象の様式を相互に翻訳することも可能で、道を尋ねられたときには、記憶している映像的表象を動作的表象や象徴的表象に翻訳して相手に伝えるでしょう。

ブルーナーは、乳児はまず動作的表象を獲得し、ついで映像的表象、象徴的表象の順で獲得すると考えました。

おとなの身振りとミニチュアのレプリカの提示とではどちらが有効かを調べた実験[18]では、18ヵ月までの子どもは、たとえば金槌を表すときに、手を握って床を叩くなどの身振りで示す場合のほうが、金槌のミニチュアのレプリカを見せる場合よりも正しく選択をすることができました。

図11-1のような、太さと高さがそれぞれ3段階に異なる9本の円柱を3×3の升目の上に配置したものを見せられ、前と同じ配置で再現する課題は、3歳児にはできませんでしたが、多くの5歳児はできました。しかし、実験者がもっとも低くもっとも細い円柱を前とは別の隅に置いた後で続きの作業を求めると、5歳児はできませんでしたが、多くの7歳児が可能でした[19]。5歳児はこの課題を映像的表象に頼ったために失敗し[20]、7歳児は「一方は太い順、他方は高い順」というような象徴的表象も利用することができたために成功したと考えられます。

18 Tomasello, Striano, & Rochat (1999).

19 Bruner, Oliver, & Greenfield (1966)／岡本夏木ほか（訳）（1968、1969）

20 5歳児は「太い」「細い」「高い」「低い」という言葉は知っていますが、そのことと課題解決に象徴的表象を利用できるということとは別です。

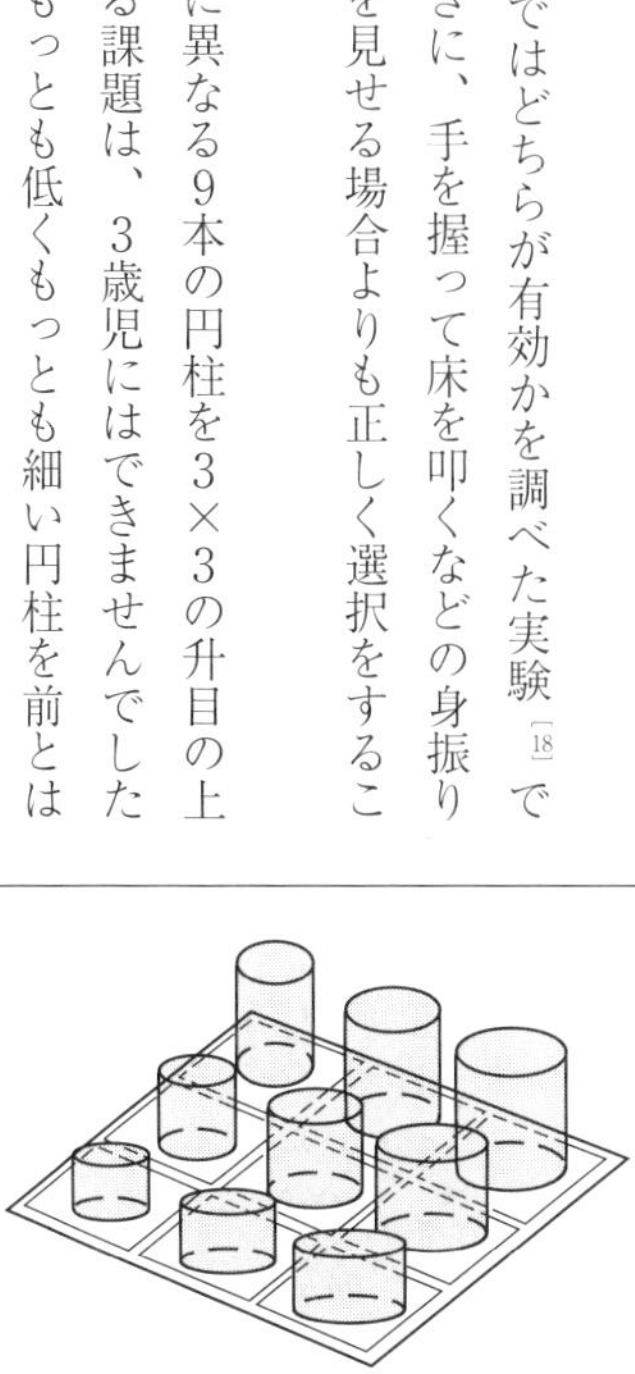

図11-1 リバート／パウロス／マーコー（1978）『発達心理学』（上巻194頁）新曜社

●参考書

梅本堯夫（監修）／落合正行・土居道栄（編）（2002）『認知発達心理学――表象と知識の起源と発達』培風館

12 鏡映像認知

「自分」の発見

ギリシャ神話の中でナルキッソスは、泉の水面に映った自分の姿を別人と思い込み恋に落ちます。たしかに、鏡に映る姿が自分だとわかるためには、かなりの知的能力が必要ですが、ヒトでは2歳になれば、それまで鏡を見たことがないとしても、自分だとわかります。また、ナルキッソスは長い時間を経て突然、水面に映る姿が自分自身だと気がつくのですが、乳児の場合には、認知発達に伴って、**鏡映像**に関する理解を少しずつ深めていきます。

動物の鏡映像認知

ギャラップ[1]は、チンパンジーの檻の前に大きな鏡を置き、どのような行動を示すか調べました。最初は他の個体に対する反応、すなわちコミュニケーションをとろうとしたり、威嚇をしたりする行動が見られましたが、数日すると鏡にすっかり慣れ、鏡の前でいろいろな表情を作ったり、口の中を見たり、自分が直接見えない部分の毛づくろいをしたりしました。ギャラップは、チンパンジーが鏡映像を自己認識していることを実験的に証明するため、チンパンジーに麻酔をかけ、目の上の隆起部分（ヒトの眉にあたる部分）と耳の上部に赤いマークを付けました。麻酔からさめたチンパンジーは、鏡を見て顔の赤い部分を手でさかんに触ったのです。この「顔のマークによる自己認識テスト」は、さまざまな動物を対象に実施されましたが、一貫してこのテストにパスしたのは、チンパンジーとオランウータン、そ

1　Gallup（1970）.

してヒトだけでした。

鏡映像認知の発達

ヒトの子どもはいつごろからこのテストにパスするでしょうか。ルイスとブルークス＝ガン[2]は、9ヵ月から24ヵ月まで（3ヵ月刻みで6群）の子どもを対象にギャラップに似た手続きのテストを行いました。母親が子どもの顔を拭くふりをして、子どもに気づかれないように鼻に口紅をつけたのです。鏡の前で鼻の頭に触る行動は15ヵ月から見られるようになり、21ヵ月になると半数を越える子どもがこの行動を示しました。その後の研究も、2歳になるまでには大方の子どもが鏡映像の自己認知が可能になるという結果で一致しています。

鏡を見る経験を持たない砂漠の遊牧生活者の子どもたちでも、近隣の都市で育った子どもたちと変わらない月齢で口紅テストにパスします[3]。ダウン症候群[4]の子どもの鏡映像認知は健常児よりも遅れますが、発達年齢[5]で見ると健常児と同じ水準で口紅テストにパスします[6]。これらの事実からは、鏡映像の自己認識には、鏡を見る経験より認知発達の水準のほうが重要であることが考えられます。

鏡映像に対する理解は、いくつかの段階を経て完成します[7]。6ヵ月の子どもは、鏡を見ても、見つめたり触ったりするだけで、自分であることに気づいている兆候をまったく示しませんが、10ヵ月を過ぎると、自分が着ている胴衣の背中から上に伸びている棒の先で揺れる帽子を、鏡を見て、気づくことができます。次の段階に進むと、天井につるされていたおもちゃが、鏡に向いている子どもの背後に降りてきたときに、振り向くことができるようになります。その次の段階で、子どもはやっと口紅テストにパスするようになるのです。

2　Lewis & Brooks-Gunn（1979）.

3　Priel & de Schonen（1986）.

4　染色体の異常によって起きる、精神発達遅滞を中心とする症候群。

5　発達検査によって推測される発達水準。精神発達遅滞児の場合には、実際の年齢（月齢）よりも低くなります。

6　Mans, Cicchetti, & Sroufe（1978）.

7　Bertenthal & Fischer（1978）.

●参考書
J・P・キーナン、D・フォーク、G・G・ギャラップ・Jr／山下篤子（訳）（2006）『うぬぼれる脳――「鏡のなかの顔」と自己意識』NHKブックス

13 初語

泣き声から言葉へ

1歳の誕生日を迎えるころに、多くの子どもは最初の意味のある言葉を話すようになります。初語は、子どもが言語という公共のコミュニケーション手段を獲得した点で画期的なことですが、そこに至るまでには、身体的な発声器官の成熟、表象[1]を可能にする認知的能力の発達、そしておとなとの間でコミュニケーションを行うための準備が必要になります。また、初語を獲得した後、子どもは話せる語彙を徐々に増やしていきますが、ものの名前に関するルールを利用できるようになると語彙の増加のスピードは一気に速まります。

泣き声によるコミュニケーション

泣くことは、本来不快の感情の自然な表出です。しかしヒトの場合、赤ちゃんの**泣き声**は、養育者の注意を喚起して養育行動を引き起こすための有効な刺激になります。実際、ヒトの赤ちゃんほど大声で泣く霊長類は他にいません[2]。進化心理学的には、捕食者に自分の居場所を教える結果になる大きな泣き声を上げることによって、自分の要求を満たすように母親に催促していると考えられます。

画一的に聞こえる新生児の泣き声も、注意深く聞くと、基本的な泣き（basic cry）、怒りの泣き（mad cry）、苦痛の泣き（pain cry）の3つのタイプに区別されます。さらに生後2ヵ月目になると、空腹や眠気など不快の原因の違いが泣き方に明確に現れるようになりま

1　「11　表象」参照。

2　長谷川寿一・長谷川眞理子（2000）147頁

す。

喃語

生後2ヵ月ころから、乳児は機嫌の良いときに、泣き声とは異なる音声を発するようになります。呼吸のリズムに乗せて声帯を振動させる「アー」「ウー」などの音は、ハトの鳴き声に似ていることから**クーイング**（cooing）[3]とよばれています。生後6ヵ月ごろになると、呼吸の統制ができるようになり、子音と母音を組み合わせた発声が始まります。これを**喃語**（babbling）とよびます[4]。初めは「ダダダダ」のように同じ音の繰り返しが多いのですが、やがて「ダマバ」などの異なる音の組み合わせも混じるようになります。

聾児も喃語のような音声を発する[5]ことや、出始めのころの喃語は養育者の使用言語による違いが見られないことから、喃語は生得的な基礎を持っていると考えられます。しかしながら、1歳に近づくにつれて、乳児の喃語は養育者の使用する言語の特徴を備えるようになっていきます[6]。初語が出現する前後になると、乳児は、おとなと同じストレスやイントネーションを持った、さまざまな音節の連鎖を発するようになります。これを**ジャーゴン**（jargon）とよびます。乳児が人形に話しかけているときなどのジャーゴンは、会話のように聞こえますが、意味のある語を含まない発話で、喃語の延長線上にあるものです。

共同注意

乳児がおとなの発した言葉の意味を知るためには、おとなの言葉が何に向けられているのかを知らなければなりません。そのためには、乳児が注意を向けているものとおとなが注意

3　英語ではハトの泣き声を coo と表現します。

4　「喃語」は、クーイングも含めて、広い意味で使われることもあります。

5　早くから手話に接していた聾児は、手話の初語を表出する以前に手指喃語を示します。

6　Levitt & Utman（1992）.

を向けているものとが重なっている必要があります。乳児は比較的早くから視線を手がかりにおとなと注意を共有することができます。6ヵ月の乳児も養育者の見ている左あるいは右の方向を大まかに見る傾向があり、12ヵ月になると、自分の視野内にあるものであれば、養育者が見ている特定のものに視線を向けるようになります。さらに18ヵ月を過ぎると、養育者の視線の先を、後ろを振り返って見ることができるようになります[7]。おとなのほうも、乳児が見つめているものや持っているものについて話をする傾向があります[8]。

共同注意が成立しているときの（1）おとなと（2）乳児と（3）ものや出来事の関係は**三項関係**とよばれます。三項関係の成立は、おとなと乳児の間で、ものをあげたりもらったりするコミュニケーションを可能にし、初語の発生の基礎となります。

初語

「ママ」という発声は、乳児がのどや舌の筋肉を使って音を出すことを楽しんでいるときには喃語ですが、それが特定の意味を伝える表象としての働きを備えたときには**初語**とよばれます。初語の品詞は名詞であることが多く、それは日本語を含む多くの言語に共通です[9]。

乳児は獲得した言葉をかなり広い範囲に適用します。「ママ」という一語が「ママがいた」「ママ、私を抱いて」、「ママはどこ」などの意味で使われますが、養育者は、その時の状況や乳児のジェスチャーを手がかりにして、乳児の発話の意図を推測することができます。

語彙の増加

初語を獲得した後、使用する語は少しずつ増えていきますが、50語を過ぎたあたりから、

---

7. Butterworth & Jarrett（1991）.
8. Harris, Jones, & Grant（1983）.
9. Gentner（1982）.

その数が爆発的に増え始めます。一つの言葉を2、3回、場合によっては1回聞いただけで覚え、一日に数語まとめて覚えることもあります。それは、この時期に子どもが語の意味（ものの名前）についてのルールを獲得し、そのルールによって新しく聞いた語の意味を推論するからだと考えられています。たとえば、おとなが白いイヌを指さして「ワンワン」と言ったときに、子どもは、それは鼻などの部分ではなく全体を指しているのであり、色ではなく形が重要なのであり、今見ているもの以外でも同じ形のものは皆「ワンワン」とよぶのだと推論します。また、「ワンワン」を覚えた後で、「ウサギ」という新しい言葉を聞いたなら、それは「ワンワン」ではないものを指しているのだと推測します。

過拡張と過限定

乳児は、新しく獲得した語彙に、おとなと異なる意味を当てはめる場合があります。「ワンワン」をすべての動物に適用するなど、意味を広くとりすぎる場合が**過拡張**（overextension）です。逆に、ワンボックスカーだけを「ブーブー」とよぶなど、意味を狭くしすぎている場合が**過限定**（underextension）です。

過拡張の現象は、おとなにはすぐに「誤り」とわかるために目立ちますが、子どもは対象の区別ができずに2つのものを混同しているわけではありません。ウマを「ワンワン」とよぶ子どもも、さまざまな動物の絵を見せて「オウマサンはどれ」と尋ねれば、正しく指さすことが多いからです。

過拡張の進展と新語の獲得に伴う再構成の過程を、日誌的資料に基づいて整理したクラーク[10]によれば、子どもは、語の最初の指示物から、いくつかの基準によって意味を徐々に

10　Clark（1973）.

表13-1　過拡張の進展の例（Clark, 1973 より作成）

拡張の基準	語彙項目	最初の指示物	拡張の生起順序
運動	bird（英語）	スズメ	ウシ＞イヌ＞ネコ＞すべての動物
形	bébé（フランス語）	自分の鏡映像	自分の写真＞写真＞絵＞絵入りの本＞本
大きさ	fly（英語）	ハエ	泥の斑点＞ほこり＞小さい虫＞自分の足指＞パンくず＞ヒキガエル
音	dany（ロシア語）	ベルの音	柱時計＞電話＞呼び鈴
味	candy（英語）	キャンディ	サクランボ＞甘いもの
手触り	kiki（ロシア語）	ネコ	綿布＞柔らかい素材

注　記号＞は、その右側の意味での使用が、左側の意味での使用の後に出現したことを示す。

表13-2　新語の獲得に伴う過拡張の再構成の例（Clark, 1973 より作成）

段階	語	意味範囲
Ⅰ	bow-wow	イヌ
Ⅱ	bow-wow	イヌ、ウシ、ウマ、ヒツジ、ネコ
Ⅲ	(a) bow-wow	イヌ、ウマ、ヒツジ、ネコ
	(b) moo	ウシ
Ⅳ	(a) bow-wow	イヌ、ヒツジ、ネコ
	(b) moo	ウシ
	(c) gee-gee	ウマ
Ⅴ	(a) bow-wow/doggie	イヌ、ネコ
	(b) moo	ウシ
	(c) gee-gee/horsie	ウマ
	(d) baa	ヒツジ
Ⅵ	(a) doggie	イヌ
	(b) moo	ウシ
	(c) gee-gee/horsie	ウマ
	(d) baa lamb	ヒツジ
	(e) kitty	ネコ

拡張していき（表13-1）、新語の獲得によって拡張された意味を徐々に制限していきます（表13-2）。このことから、過拡張の現象は、子どもが特定の語を、その語の本来の指示物を含むカテゴリー全体の名称としても使うために起きると考えられます。

固有名詞と動詞の獲得

子どもは、人やペットの名前などの固有名詞にも早くから接します。固有名詞と普通名詞の区別は難しそうですが、2歳児は両者を明確に区別することができます。固有名詞は特定の対象物の名前として扱われ、それが属するカテゴリーの名称としては扱われません。英語の場合には冠詞の有無が手がかりになりますが、日本語を母語とする2歳児も固有名詞と普通名詞を区別できるので、文法的手がかりはそれほど重要ではありません。子どもにとっては、対象が生きている物[11]であるかどうかと、そのカテゴリー名をすでに知っているかどうかのほうが重要です[12]。ウサギという語をすでに知っている子どもは、おとなが特定のウサギをピーターとよんだとき、それは固有名詞だと考えます。

動詞が表す内容は、動作主の動きそのもの、あるいは動作主と対象物との関係です。具体的な動作主や対象物を離れて理解することが必要になるため、動詞の意味の正しい理解は名詞よりもはるかに困難です。「ネケっている」という造語を特定の動作に対して使った場合、5歳児は動作主や動作対象が違っても同じ動作であれば「ネケっている」とみなしましたが、3歳児は動作対象が異なると同じ動作であっても「ネケっている」とはみなしませんでした[13]。

---

11 生き物の特徴を備えた人形や縫いぐるみも同様に扱われます。

12 Imai, M. & Haryu, E. (2001).

13 Imai, M., Haryu, E., & Okada, H. (2005).

●参考書
今井むつみ・針生悦子（2007）『レキシコンの構築――子どもはどのように語と概念を学んでいくのか』岩波書店

14 子どもの文法

ルールの発見過程

最初の言葉が出てから6ヵ月から12ヵ月後には、多くの子どもは2つの単語をつなげた文を話し始めます。その後、一つの文を構成する語の数はさらに増加し、文の構造も複雑化して、短い時間で急速に母語の文法体系をマスターします。それは、子どもがおとなと会話したり、おとな同士の会話を耳にしたりすることによって可能になるのですが、子どもはおとなの発話を受動的に記憶するわけではありません。耳から聞いた情報をもとにルールを作成し、自分で変更しながら、最終的におとなと同じ**文法**を完成させるのです。

子どもが使用する言語のルールが生得的なものかどうかに関しては議論があります。おとなが話す言葉が文法的な誤りを多く含む不完全なものであることや、おとなは子どもの文法的な誤りを訂正しないことが、ルールの生得性を支持する証拠とされてきました。しかし、**育児語**の存在は、環境要因も影響する可能性があることを示唆しています。

軸文法

2語発話にもルールが存在します。**軸文法**[1]というのは、子どもが使うルールを形式面から整理したものです。子どもの発話は、軸語と開放語の2種類に分けることができます。軸語は種類が少なく、頻繁に使用されます。開放語とともに使用され、1番目に現れるか2番目に現れるかの場所が決まっています。日本語で言えば「チョーダイ」「ナイ」[2]などが

1　Braine (1963).

2　どちらも2番目に出てくる軸語です。日本語には最初に出てくる軸語はほとんどありません。英語にはall gone, noなどの1番目に出てくる軸語と、on, offなど2番目に出てくる軸語が存在します。

軸語にあたります。開放語とは、使用頻度が軸語より低く、使われる位置は決まっていません。また、「ママ　クック」など、開放語同士の組み合わせが可能です。

電文体発話

2語発話の特徴をとらえた表現としては、ほかに**電文体**[3]**発話**があります。助詞、助動詞、接続詞、英語ではさらに前置詞や冠詞など、文法的関係だけを表す機能語[4]が省略されます。この電文体発話は、子どもが自発する文だけでなく、おとなの発話を模倣するときにも表れます。電文体発話はすべての言語で見られるわけではありません。語順の自由度が高く、接辞[5]が重要な役割を果たす言語では、その接辞が早くから出現します。子どもはストレス（強勢）を手がかりに語を選んでいると考えられ[6]、日本語では「よ」「ね」などの（電文では用いられない）終助詞が2語発話段階で出現します。

過度の規則化

3語以上の文章を話せるようになった子どもたちは、動詞の活用など語尾の変化にも対応できます。しかし、そのときに一般規則を例外にまで適用する過度の規則化（overregularization）の現象が見られます。

英語を話す子どもの場合、日常よく使われる went や broke などの不規則な過去形を、まずそのまま覚えます。しかし、helped, walked などの規則変化をする動詞を多数習得すると、動詞の過去形は原形の後に /t/ か /d/ の音を付けるというルールを自分で導き出し、それをすべての動詞に適用しようとします。その結果 goed, breaked などという誤った表現が使わ

3　電報は、現在ではもっぱら祝電や弔電に使われますが、固定電話の普及以前は緊急の連絡手段として一般に利用されていました。文字数によって料金が決まるため、意味が通じる範囲で、なるべく語を省略しました。

4　機能語に対して、内容語は具体的な意味内容を表しています。

5　基本となる語に付いて、文法的な機能を示す要素を言います。

6　Brown & Bellugi (1964).

れます。men, feet, mice などの複数形についても同じことが言えます。mans, foots, mouses などの誤った表現は、名詞の複数形は 単数形に /s/ または /z/ の音を付けるというルールをすべての名詞に適用してしまうために起きるのです。

日本語でも過度の規則化の現象は見られます。「来い」の意味で「クレ」、「見せて」の意味で「ミラシテ」と言うことなどがその例です。幼児の使用する動詞は60％から70％が五段活用である[7]ため、カ行変格活用や上一段活用の動詞まで五段活用化してしまったのです。「ある」を否定しようとして「アラナイ」と言うことも過度の規則化です。文法的にはありえる形[8]ですが、実際には使われない表現です。

助詞の使用にも過度の規則化が見られます。「アカイ　リンゴ」というように、形容詞と名詞を正しく使用していた子どもが、「名詞＋の＋名詞」の形の連体修飾を発話するようになった後で「アカイ　ノ　リンゴ」と誤った発話をする現象はよく見られます。

日本語で目的語を標示するには、通常は助詞「を」を使いますが、子どもは「リンゴ　ガトッテ」のように「を」を「が」に置き換えるという誤りをすることがあります。この現象は、「見える」「欲しい」など特定の述語では目的語を標示するときに「が」が使われることと関係があります。

言語理解のルール

子どもは、自分なりのルールに基づいて発話しているだけでなく、おとなの言葉を理解するときにも独自のルールを利用します。最初に現れるのは**意味方略**とよばれるルールです。文に含まれている語の相互の意味的関係から文を理解するもので、「サル」「食べる」「リン

7　村田孝次（1984）

8　京都弁では「ある」の否定は「アラヘン」になります。

ゴ」という3語を含む場合には、それがどんな語順であっても、動物である「サル」が、食べ物である「リンゴ」を対象に「食べる」という動作をするのだと理解します。

次に出てくるのは、**語順方略**です。最初に現れる名詞が動作主で、後に出てくる名詞が行為の対象だと理解します。この語順方略は、英語のように語順が重要な役割を果たす言語ばかりでなく、語順の自由度が高い日本語においても現れます。

日本語を話す子どもは、やがて、おとなと同じ「が」「を」などの格助詞を手がかりとする**助詞方略**というルールを主に使うようになり、正しく文を理解できるようになります。

育児語

おとなが乳児に話しかけるときの言葉は**育児語**（infant-directed speech; child-directed speech）[9] とよばれますが、この育児語にはおとな同士の会話と異なる特徴があります。高い声で、イントネーションが強調され、語と語の間の休止時間が長くなります。また、繰り返しが多く、発話が短く、文法的に正確な表現をするという特徴もあります。これらの特徴は、どの言語の話者にも共通してみられるもので、子どもにとっては理解しやすい言語入力が与えられていることになります。

さらに、親の育児語は子どもの言語発達が進むにつれて変化していきます。どの段階でも、子どもの発話よりも少し長く、少し複雑な文を話すように調整されているのです[10]。

育児語は、子どもの側からは言語を習得する上で有利な環境要因です。しかし、おとなの側にある、乳児に対して育児語を使う傾向は、ヒトという種に生得的に備わっている心のモジュールだと考えられます。

9　母親語（motherese）ともよばれます。

10　Sokolov（1993）.

●参考書

岩立志津夫・小椋たみ子（編）（2005）『よくわかる言語発達』ミネルヴァ書房

15 自己中心性

「今、見えている世界」の制約

日常生活では「自己中心的」という言葉は、「わがまま」「自分勝手」という意味を連想させます。しかし、発達心理学の用語としての**自己中心性**は、性格的な特徴を表すものではなく、他者の立場に自分を置いたり、他者の視点に立ってものを見たりすることができないという認知的な側面を指して使われます。幼児が「かくれんぼ」でうまく隠れたつもりでも、オニにすぐに見つかってしまうのは、この自己中心性のためです。

自己中心性の出現は課題の困難度と関連しています。容易な課題に関しては幼児期にすでに自己中心性を脱しますが、対処の難しい課題に出会ったときには、青年期以降にも自己中心的な反応が現れます。

三つ山課題

ピアジェとイネルデ[1]は、大きな正方形のテーブルの上に大きな3つの山（図15-1）を作って、子どもたちに実験を行いました。テーブルを回って各辺からの山の見え方を確認した後、子どもを1つの椅子に座らせ、別の椅子には人形を座らせます。子どもに、さまざまな方向から描いた絵を示して、人形からはどのような景色が見えるかを尋ねると、4、5歳の子どもたちは、自分の視点から見える絵を選びます。6、7歳になると、座る位置によって山の見え方が異なることには気がつくのですが、正しく絵を選択することができません。

---

1 Piaget & Inhelder (1948).

9歳以降になって初めて、一貫して正しい絵を選ぶことができます。

容易な課題における自己中心性

三つ山課題は、空間的な位置関係の心的変換が要求される難しい課題です。より単純な課題であれば、幼児でも自己中心的でない反応を示すことができます。

白い紙とピンク色のサングラスを用いた課題では、4歳児でも、自分がサングラスをしているかどうかにかかわらず、サングラスをしている相手には白い紙がピンクに見え、サングラスをしていなければ白く見えることを理解しました[2]。

机の上の人形を相手から見えないように隠すという課題では、2歳半の子どもでも、自分からは見えるが相手からは見えない位置に、衝立《ついたて》と人形の位置を調整することができました[3]。

青年期の自己中心性

青年期になると、知的側面にも身体的側面にも大きな変化が訪れますが、そのことが新たな形の自己中心性を生み出します。

ピアジェ[4]は知的な側面に言及しました。青年期になって抽象的論理的思考が可能になると、青年はその能力を使って世の中のさまざまな事象を論理的に考えます。そのとき、自分の考えついた理論が絶対に正しく、現実のほうが間違っていると信じてしまうのです。ピアジェはこれを「形而上学的自己中心性」とよびました。青年は自分への批判を拒絶する一方で、他者の行動の誤りをすばやく指摘します。

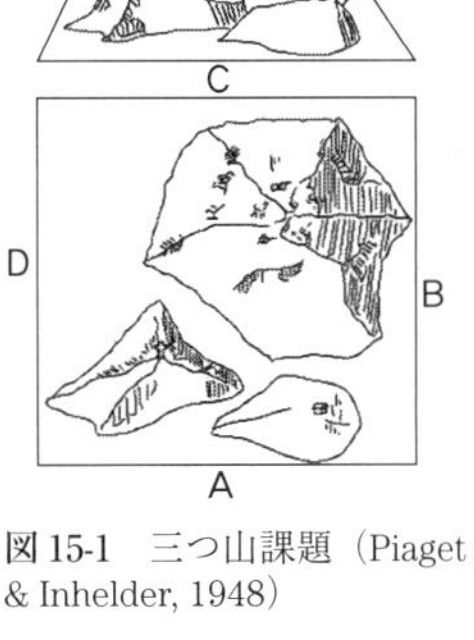

図 15-1　三つ山課題（Piaget & Inhelder, 1948）

2　Liben（1978）.

3　Flavell, Shipstead, & Croft（1978）.

4　Piaget（1964）／滝沢武久（訳）（1968）

エルキンド[5]は、青年の日常生活の言動に見られる自己中心性を分析しました。身体的成熟や第二次性徴の出現をきっかけに自己というものに深く関心をもつようになった青年は、他者もまた自分の容貌や行動に関心を持っていると考えてしまいます。その結果、常に他者の視線を意識して行動するようになります。この現象を**想像の観衆**（imaginary audience）とよびます。おしゃれに関心を持ち始め、自分の中の他者には見せたくない側面を隠そうとします。他者の視線から解放される自分だけの空間を欲しがります。人生のどの時期よりも、恥の意識が強まります。

自分の境遇や感情が、他の人が経験したことのない特別なものだという信念は、**個人的な寓話**（personal fable）とよばれます。「あなたには私の気持ちがわからない」「自分は世界でいちばん不幸な人間だ」という台詞は、その表れです。自分は特別だという信念は、さらに、自分だけは不幸な出来事に出会うことがないという別の信念を導きます。どんなに乱暴な運転をしても交通事故を起こさないという幻想を持つことなどが、その例です。

成人の自己中心性

成人を対象とした社会心理学的研究では、自分を他者と比較する際に、自分に関する情報をより重視する**自己中心性バイアス**が存在することが指摘されてきました。そのバイアスによって、結果に対する自分の影響力が過大に評価され、環境の有利不利の影響を自分がいちばん強く受けると考えてしまいます。

最近の研究[6]によれば、三つ山課題のような他者の視点に立って位置関係を判断する課題において、成人でも自己中心的な傾向を示すことがあります。5×5の小部屋に仕切られ

5　Elkind（1967）.

6　Epley, Morewedge, & Keysar（2004）.

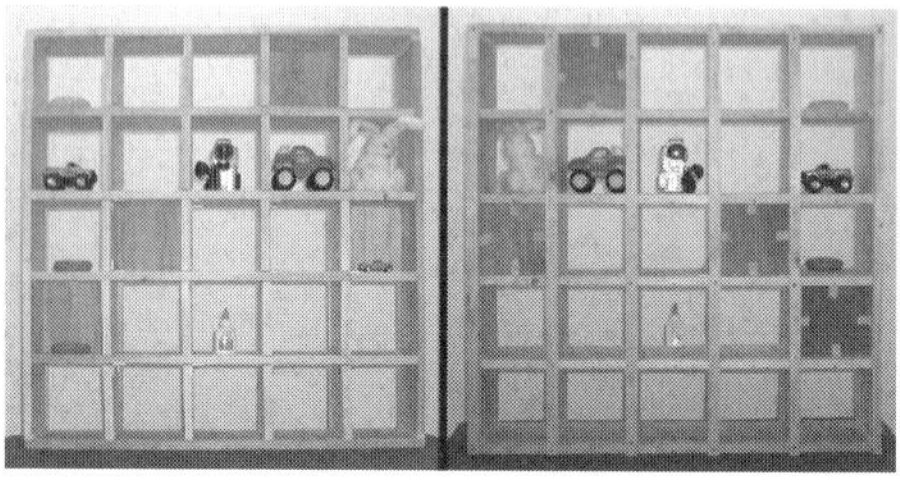

動かす側からの見え方　　指示する側からの見え方

図 15-2　児童と成人の自己中心的注視反応
（Epley, Morewedge, & Keysar, 2004）

たおもちゃ棚を挟んで、相手が自分と向き合って座っています。このとき一部の小部屋には相手方に近い側に壁があるため、自分から見えても相手からは見えません。相手からの言語的な教示に従って中のおもちゃを動かすとき、成人が最初に視線を向ける対象は、4歳から12歳の子どもと同じく、自己中心的に解釈した間違ったおもちゃでした。たとえば図15-2の課題で「小さなトラックを糊のボトル上に動かす」という指示を与えられたとき、相手から見えないいちばん小さなトラックをまず見ます。ただし、成人は、子どもと異なり、すぐに最初の解釈を修正して正しい対象に視線を移し、行動を誤ることはありませんでした。成人でも自己中心的な視線の移動が見られることから、時間的な制約がある場合や正確さが要求されていない場合には、自己中心的な反応が出る可能性が高まる[7]と考えられます。

中心化

幼児期に見られる自己中心性は、目立った特徴にひかれて、対象の一部分あるいは一つの次元に注意が集中し、他を無視してしまう**中心化**（centration）の現象と関連しています。

3歳から9歳の子どもに図15-3のような2軒の家を見せて、それらが同じかどうかを尋ねると、年少の子どもは一部の窓の対を比べただけで「同じ」と答えることが多く、その結果、6つの窓のうちの5対が同じで1対だけが違っている条件で、特に正答率が低くなります。6歳を過ぎるとすべての窓の対を調べてから「同じ」と判断するようになります[8]。

認知発達に伴い、知覚における中心化の制約が外れることを**脱中心化**（decentration）と言います。脱中心化すると、自己の視点に注意が集中することがなくなり、他者の視点を要求される課題でも自己中心的な反応が減少します。

7　Epley et al.（2004）.

8　Virpillot（1968）.

図15-3　2軒の家の異同判断（Virpillot, 1968）

●参考書
J・ピアジェ／中垣啓(訳)（2007）『ピアジェに学ぶ認知発達の科学』北大路書房

16 アニミズム
万物に宿る生命

幼児が、すべてのものが生きていると考えたり、意志や感情などを持っていると考えたりすることを**アニミズム**とよびます。この現象は前項で述べた幼児期の自己中心性と関連しています。子どもは、自分が生きていて感情や意志を持っているのと同じように、石ころや椅子も生きていると考えるのです[1]。人工論、目的論、実念論などの幼児が持っている信念も、自己中心性の影響によって生まれたものです。

アニミズム

子どもに「○○は生きている？」と質問しなくても、幼児がふだん発する言葉には、アニミズム的な表現がたくさん含まれています。ピアジェ[2]は、自身の子どもたちが月や雲や太陽について「月は生きているから動く」「雲は手も足もないからゆっくり動く」「太陽は見えない小さな足がある」などと述べたことを記録しています。

幼児が絵を描くときに、太陽や雲に顔を描き込むこともアニミズムの表れです。

生物と無生物の基準

ピアジェ[3]は、アニミズムが、すべてのものが生きていると考える段階から、動くもの、ついで、自発的に動くものが生きていると考える段階を経て、おとなと同じ、動物と植物だ

1　アニミズムと類似の概念として、ウェルナー（Werner, H.）の**相貌的知覚**があります。ウェルナーによれば、幼児は、壁のしみが相貌（容貌、顔）に見えるなど、外界の対象を知覚するときに、自分の感情や欲求が入り込んでしまうのです。

2　Piaget（1945）／大伴茂（訳）（1967-69）

3　Piaget（1928）.

けが生きていると考える段階[4]に至ると考えました。

その後の研究は、幼児期にすでに、生物と無生物を区別するさまざまな基準が存在することを明らかにしています。成長するものは生きている、中身がいろいろなものでできているものは生きている、親が産んだものは生きている、怪我をしても治るものは生きているなどです。

幼児は実際には、おとなに近い生物概念を持っていますが、太陽や雲などの身近でないものについて考えるときにアニミズム的な説明を採用するようです。

実念論・目的論・人工論

考えたり思ったりしたことが、客観的に実在すると考えることは**実念論**（realism）とよばれます。夢は他の人からは見えないものですが、本人にとっては覚醒して見ている世界と変わらない現実性があります。4歳の子どもに夢について尋ねると、その半数以上は、夢は部屋の中や枕の上で起きていた出来事であり、自分は目を開けて夢を見ていたのだと答えます。7歳になると、夢は頭の中で起きていることであって、他の人には見えないことを理解します[5]。

目的論（finalism）は、すべての動きは何かの目的を達成するためのものだという信念です。子ども自身がいつも何かの目的のために動いているように、小石はお父さんに会うために坂道を転がっているのであり、雲は移動先に雨を降らせるために動いているのです。

人工論（artificialism）は、世界のすべての物は人間によって作られた、あるいは人間のような仕方で神様が作ったという信念です。自分が砂場の山を作ったのと同じように、自然の山も人間が石を積み上げたものであり、湖は人間が穴を掘って水を張ったものです。

4　ピアジェは、11歳以降にこの段階に至ると考えました。

5　Laurendeau & Pinard（1962）.

●参考書

J・ピアジェ／中垣啓(訳)（2007）『ピアジェに学ぶ認知発達の科学』北大路書房

17 内言と外言

発話された思考

幼児のひとりごと

幼児は自由遊びの場面でよくひとりごとを言います。数人で遊びながら話しているようでも、よく聞くと、相手の状況に関係なく一方的に話していることが多いのです。ピアジェ[1]は、このような幼児の非社会的な言語活動を**自己中心語**とよびました。自己中心語は幼児期の思考の特徴である自己中心性の反映であり、発達に伴って他者への伝達の意図を持つ社会的発話へ移行すると考えたのです。ピアジェによれば、幼児期のひとりごとは社会的発話の未発達な形です。

これに対してヴィゴツキー[2]は、言葉は、そもそも**外言**、すなわち他者とのコミュニケーションの道具として発生するのだと考えます。この外言の機能は子どもの発達に伴って洗練され、語彙は増加し、構文も複雑になっていきます。その一方で、言葉には思考や意思の道具という新たな機能が加わってきます。思考や意思の道具としての言語活動は、外的な発声を伴わない内面化されたものであるため、**内言**とよばれます。内言は、幼児期に外言から分化していきますが、分化が不十分な段階では思考に外的な発声が伴ってしまいます。このような不完全な内言が幼児期のひとりごとです[3]（図17-1）。

1 Piaget（1936）／大伴茂（訳）（1954）

2 Vygotsky（1934）／柴田義松（訳）（2001）

3 以上のようなヴィゴツキーの見解を支持する証拠は多く、ピアジェも後にこれを受け入れました。

ひとりごとを言わなくなるまで

ひとりごとと内言との関連性を示す証拠としては、まず、幼児のひとりごとが、与えられた課題が困難になると増加することがあげられます。ヴィゴツキーは絵の上に薄紙を乗せて色鉛筆でその輪郭を写し取るという課題を子どもに与えて、子どもに気づかれないように絵と薄紙を留めているピンを外しました。すると、子どもは実験者に助けを求めましたが、一方で自分自身に状況を説明するような発話や解決策を自問するような発話も示しました。

ひとりごとは5、6歳の子どもにもっとも多く見られ、8歳を過ぎるとほとんど見られなくなります。子どもが言葉を使って思考するようになるとひとりごとが増加しますが、発達がさらに進んで思考の内面化が進行すると、ひとりごとは減少し始めるのです。

成人でも、困難な課題に直面したときには思わずつぶやきをもらすことがあります。生理学的な指標を測定した研究では、実際には音声にならない場合でも、舌や喉頭などに筋電反応が観察されます。

ひとりごとが内面化して内言が形成されていく過程では、ひとりごとの頻度が減るばかりでなく、単語の省略や構文の単純化といった発話の内容の変化も同時に進行します。前述の写し絵の課題では、年少児の発話は外言と同じような完全な文の特徴を備えていますが、年長になるほど省略が進み、「紙」「ピン」「どうしたら」のようなきわめて断片的なものになっていきます。本来、内言では話し手と聞き手とが同じであるため、主語はしばしば不要です。本人に理解できれば文法的に完全である必要はなく、自分にしかわからない語が使われてもかまわないのです。ひとりごとの減退の過程で発せられる言葉は、このような特徴を備えたものになっていきます。

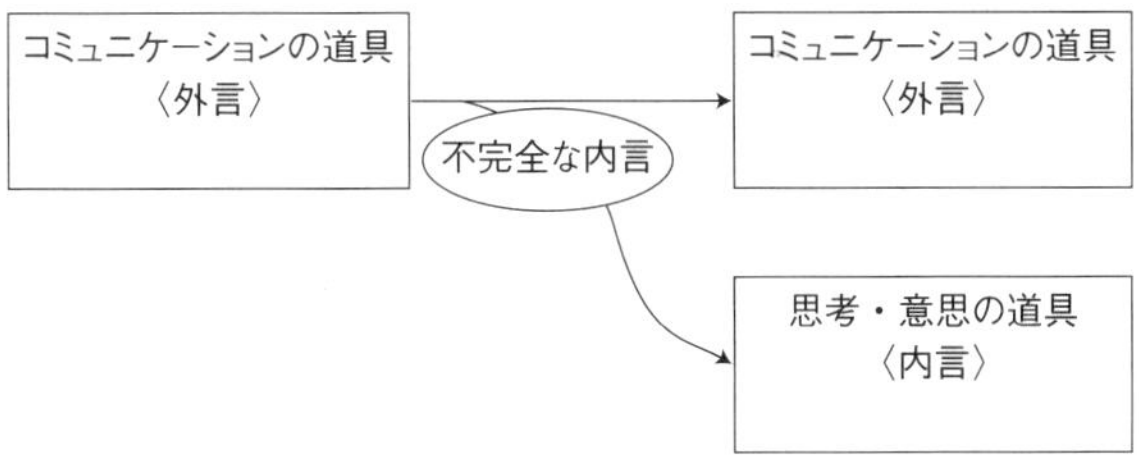

図 17-1　内言の分化と過渡段階としての不完全な内言

●参考書
柴田義松（２００６）『ヴィゴツキー入門』子どもの未来社
A・ルリヤ／天野清（訳）（１９８２）『言語と意識』金子書房

18 サイモン・セッズ

言語の行動調整機能

英語圏の子どもたちの言葉遊びの中に、「サイモン・セッズ（Simon Says）」とよばれるゲームがあります。ジェスチャーを命令する側とそれを実行する側に別れ、交代して遊ぶのですが、実行する側は、「サイモン・セッズ」で始まる命令のときにだけその動作を実行しなければなりません。たとえば「サイモン・セッズ、鼻に触れ」と言われたときには手で鼻に触らなければなりませんが、単に「鼻に触れ」と言われたときに鼻に触ってしまうと負けです。

サイモン・セッズの誤りの分析

ストローメン[1]は、幼児から小学生までを対象に、実験者が1対1でサイモン・セッズのゲームを行い、年齢による正答率の違いを調べました。「鼻に触る」「手を振る」「足踏みをする」など10種類の動作を、半数の試行では「サイモン・セッズ」を付けて、残りの半数では「サイモン・セッズ」なしで命令しました。当然のことながら、年齢が低いほど誤りの数が多くなります。しかし、年齢の低い群でも「サイモン・セッズ」で始まる命令を実行しない誤りはほとんど見られません。一方「サイモン・セッズ」のない命令を実行してしまう誤りは、年齢の低い子どもには非常に多く見られました。図18-1は、2回のセッションに分けて結果を示したものですが、4歳児はどちらのセッションでも8割近くの誤反応があり

---

1 Strommen (1973).

ます。年齢が高くなるほど誤りが減り、セッション間の改善も認められます。言語によって行動をコントロールするとき、幼児は、行動を始めるより、行動を制止するほうが困難なのです。

ゴム球押し課題

このことを最初に発見したのは、ロシアの心理学者ルリヤです。彼は、言語的命令あるいは色ランプの信号に合わせてゴム球を押すという動作を、幼児が適切に実行できるかどうかを調べました。3歳児でも、実験者の「押せ」という命令によって、あるいは自分自身に命令して、押すという行為を正しく実行することはできますが、「押すな」という命令で押す行為を制止できるのは5歳になってからでした。

少数の被験者の結果から独創的な理論を立てたルリヤですが、アメリカや西ヨーロッパで行われた追試の結果は、必ずしもルリヤの主張のすべてを支持していません。しかしながら、幼児が言語によって行動を抑制するのは行動を解発するよりも難しいという点に関しては、多くの研究の結果が一致しています。

声に出すことの逆効果

ルリヤは「赤ランプのときはゴム球を押し、青ランプのときは押さない」という課題で、子ども自身に「押せ」「押すな」の命令を発声させると、かえって妨害になる場合があると述べています。言語には意味的側面とは別に衝動的側面があり、意味的には「制止」の命令であっても、発声することは「解発」の機能を持つと言うのです。ミラー他[2]は、ルリヤ

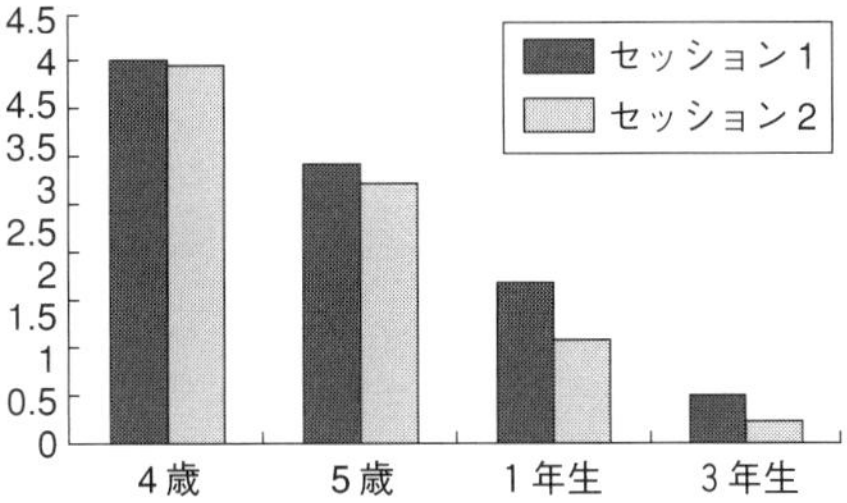

図18-1　制止試行における誤反応数
（Strommen（1973）より作成）

2　Miller, Shelton, & Flavell (1970).

の手続きに従った追試を行い、このことを確認しています。3歳から4歳の幼児を対象に、何も発声しない（条件1）、押すべきときに「押せ」と発声する（条件2）、押すべきでないときに「押すな」と発声する（条件3）、どちらの場合にも「押せ」あるいは「押すな」と発声する（条件4）の4群に分けて実験を行ったところ、何も発声しなければ誤反応が少なくなっている4歳児でも、制止すべき試行で命令を発声する場合（条件3、4）には、誤反応が増加することを示しています（図18‐2）。

ゴム球押し課題では、自分の発声よりも他者の命令のほうが混乱を起こすことが少なかったのですが、声の大きさによっては他者の命令であっても妨害的に働くかもしれません。

ザルツ他[3]は、3歳半から6歳半の子どもたちに、サイモン・セッズで使われるタイプの動作を単純な肯定命令あるいは否定命令の形で与え、実験者が命令に含まれる行為を肯定命令に対しても否定命令に対してもモデルとして示しました。つまり、肯定命令では正反応のモデルを、否定命令では誤反応のモデルを与えたことになります。命令を録音したテープの音量を変えて、その効果を調べたところ、年少の幼児でも、命令が小さな声で与えられた場合には適切に反応できますが、大きな声で命令が与えられると否定命令を実行する誤りが増加しました。

言語化が功を奏する場合

これまでに述べた課題は、その場で与えられる命令に対して即座に運動反応を起こすというものです。この種の課題で誤反応が起きる理由は、命令の意味を理解できないか

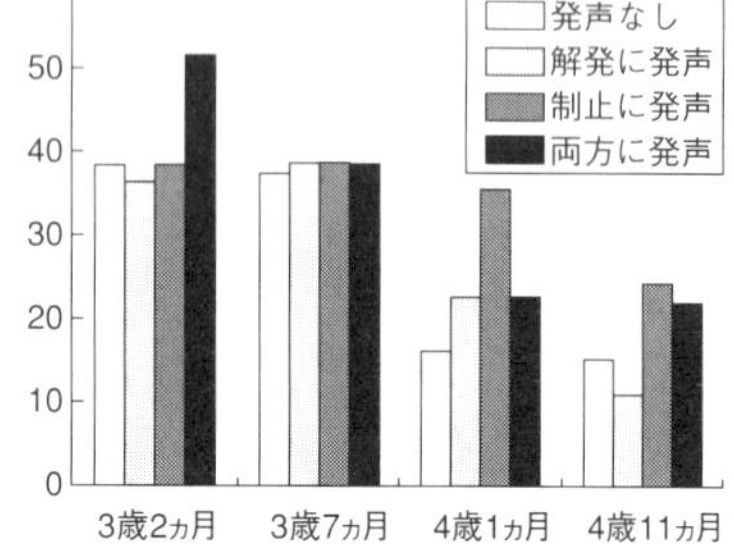

図18-2　制止試行における誤反応率（%）
（Miller et. al (1970) より作成）

3　Saltz, Campbell, & Skotko (1983).

らでもなく、魅力的な行為をどうしても我慢できないからでもありません。「わかっているのに、ついつられてしまう」のです。

　これに対し、魅力的なおもちゃへの接近が禁止されている場面など、価値が関与し、誘惑に抵抗して持続的に行動を制止することが要求されている事態では、言語化は**誘惑抵抗**を強めるための有効な手段になります。

●参考書
柏木惠子（1988）『幼児期における「自己」の発達』東京大学出版会

19 読み書き能力

自然には身につかない言語能力

国際的に見ると識字率の地域格差は大きく、15歳に達しても母語の読み書きができない人が全人口の50%を上回る国も多数存在します[1]。このことは、読み書きの能力が、話し言葉と異なり、子どもの成長とともに自然に身につくものではないことを示しています。学校教育を受けられない子どもたちは、読み書き能力の獲得に大きな制約を受けるでしょう。しかし、正規の教育だけが読み書き能力の獲得に影響するわけではありません。乳児期からの環境における文字の存在や文字に関するおとなの働きかけも、子どもの読み書き能力の発達に大きな影響を与えています。

萌芽的読み書き能力

まだ文字を読めない子どもも、自分なりの仕方で文字と意味を結びつけようとします。ただし、それはおとなの読み書きの規則と同じものではありません。文字を読むときに1つの文字が単語全体を表現する[2]と考えたり、文字を書くつもりで文字に似た自分勝手な記号を発明したりします。正規の読み書きを習得する前の段階に現れるこのような行動は、萌芽的読み書き能力（emergent literacy）の表れと考えられます。

これまでの研究から、子どもが就学前に家庭で経験する萌芽的な読み書き活動が豊かであるほど、正規の教育における読み書き能力の獲得が促進されること[3]がわかっています。

1　UNESCO（ユネスコ）が2007年4月に公表した識字率によります。

2　たとえば、「り」を「りんご」と読み、“P”を“PIZZA”と読みます。

3　Purcell-Gates（1996）.

ひらがなの読み

文字がつながって単語を構成し、文字の連鎖は一定の規則で音と対応しているのだと理解することは、読み書き能力獲得の第一歩です。日本語のひらがなの場合、文字の種類は多いものの、ひとつひとつの文字が表す音と単語全体が表す音の関連性が高いため、ひらがなの文字を読めることにはとりわけ重要な意味があります。

図19-1は、国立国語研究所が1967年に行った大規模な調査の結果です。ひらがなの清音46文字について、横軸を5文字ごとの読字数で区切り、縦軸にそのグループに属する子どものパーセントを表しています。グラフの両端を見れば、ほとんど読める子どもは5歳児クラスに多く、ほとんど読めない子どもは4歳児クラスに多いことがわかります。年齢とともに読字数が増えるのは当然ですが、中間が少ないU字型の分布は、読字数が身長や体重とは異なるパターンで増加することを示しています。ひらがなは、長い時間をかけて少しずつ読めるようになるものではありません。読み始める時期に個人差はありますが、いったん読み始めると一気にすべてが読めるようになってしまうのです。

国立国語研究所が清音のひらがなの読み誤りのパターンを分析したところ、「ぬ」と「ね」、「さ」と「き」、「ぬ」と「め」、「は」と

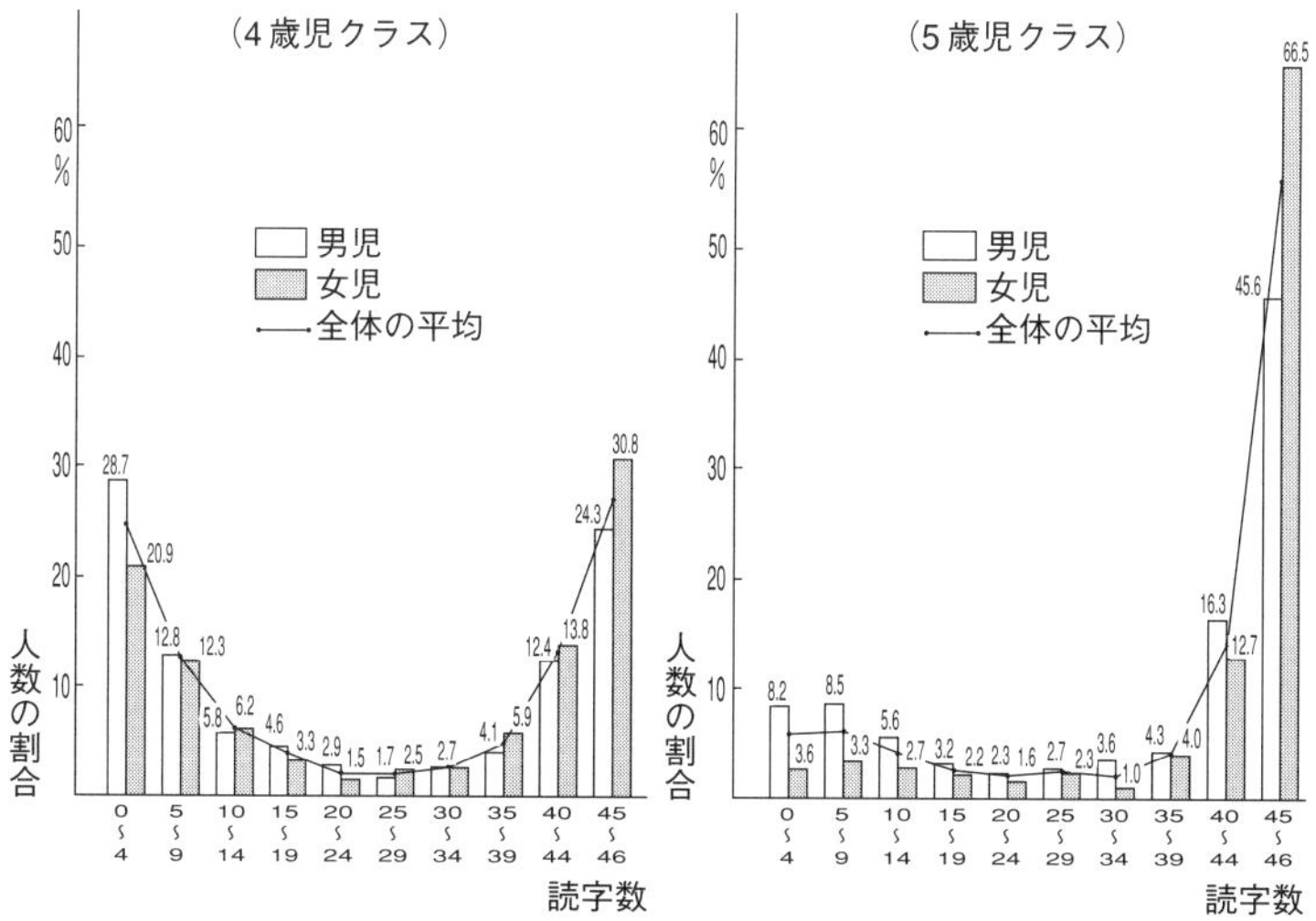

図19-1 幼児のひらがなの読字（国立国語研究所，1972）

「ほ」などの間に相互の読み誤りが多く起きていました。これらの文字の組み合わせは、文字の一部分の形が同じであるため、知覚的な中心化[4]を示す子どもの場合には頻繁に読み誤ることが予想されます。脱中心化が、ひらがなを正確に読むための必要条件だと言うことができます。

鏡文字

一般的に、子どもは左右対称のものを区別することが苦手です。3歳から8歳の子どもに、本来の図形とその図形を45度単位で回転させた図形、合わせて8種類（図19‐2）を用意して、そのうちの1つを見本として別に示し、見本と同じ図形を選ばせたところ、8歳ではほぼ正確に判断できましたが、年齢が下になるほど誤りが多くなりました。その誤りは、回転の角度の大きさとは関係がなく、見本と左右対称の関係にあるものを誤って選んでしまうことが多かったのです[5]。

そのため、アルファベットのbとd、pとqの区別は、幼児にとってたいへん難しいものです。日本語のひらがなの場合には、完全に左右対称のものがない[6]ため、読むときの混同は少ないのですが、書く場合には、しばしば正しい文字を左右対称に変換する誤りが見られます。このような文字は、鏡文字、鏡映文字、あるいは鏡映書字とよばれます。この現象は、子どもの通常の発達の過程として起きるもので、多くの場合、小学校入学後に自然になくなります。

英語の読み書き能力

母語が英語の場合には、音と文字との対応の規則は、日本語のひらがなよりずっと複雑な

4　「15　自己中心性」参照。

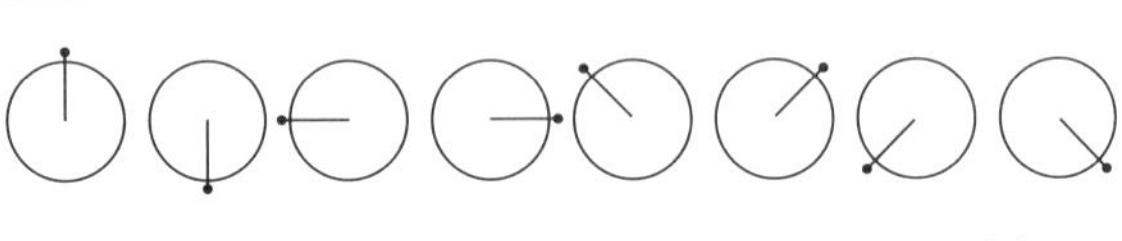

図19-2　方位弁別実験の図形のヴァリエーションの例（勝井，1971）

5　勝井晃（1971）

6　明朝体やゴシック体では「さ」と「ち」はほとんど左右対称ですが、小学校教科書に多く使われる教科書体では「さ」と二画で書かれるのが普通です。

ものになります。同じ音がさまざまな文字の並びと対応したり[7]、同じ文字が異なる音を表したり[8]するからです。

英語を話す子どもたちも、初めのうち、ひらがなと同じように、個々のアルファベットの音に頼ろうとする傾向が見られます。象の意味の elephant を表すのに LAFWT 書くことがその例です。その後、子どもたちは徐々におとなと同じ規則に従って読み書きする能力を身につけていきますが、英語の読み書きをどのように教えるかに関しては、2つの対立する立場があります。

第1の方法は、初めから文章全体をあるがままの形で与えるというものです。もし、子どもたちが書かれている内容を面白いと感じるならば、必要なスキルを自分から発見していくだろうと考えます[9]。

第2の方法は、子どもたちにまず、例外を含まない単純な材料を与え、書かれた記号を音に変換する基本的な規則を教えます。さまざまな規則を獲得した後で初めて、複雑な文章に取り組みます[10]。

読み書き能力獲得の最終的な目的は、書かれた文章を流暢に声に出して読めるようになることではなく、書かれた内容を正しく理解することです。その意味では第1の方法が推奨されるでしょう。しかし、見たことのない単語に出会っても、規則に従って綴りの表す音を自動的に導き出せるならば、読みを中断せずに内容の理解にエネルギーを集中することができます。このため、現在の米国における読み書き教育は両方のアプローチを合わせた方法がとられ、学年や子どもがそれまで置かれていた環境に応じて、両者のバランスが調整されています。

7　-er, -ir, -or, -ur など、さまざまな文字列が同じ音を表します。

8　同じ a の文字が、cat の場合と table の場合では異なる音を表します。

9　Watson（1989）.

10　Rayner & Pollatsek（1989）.

●参考書

S・H・フォスター＝コーエン／今井邦彦（訳）（2001）『子供は言語をどう獲得するのか』岩波書店

20 遊び

行為そのものの喜び

睡眠や食事などの生命を維持するための活動や、賃金を得るための労働ではなく、行為そのものを楽しむために行われる自発的な活動が**遊び**です。ヒトをはじめとする高等な動物では、特に成体となる前の段階で、この遊びをよく行います。

遊びの理論

遊びを進化の観点から説明する試みは古くから行われてきました。スペンサー[1]は、高等な動物に遊びが多く見られるのは、種が高等になるほど生存のために使うエネルギーが少なくてすむため、余ったエネルギーを遊びとして消費しているのだと考えました。これは**余剰エネルギー説**とよばれます。グロース[2]は、ヒトでも他の動物でも子どもの時期に遊びが多く見られるのは、親の庇護が得られる子ども時代に、おとなになったときに必要な技能を練習しているのだと考えました。これは**練習説**とよばれ、現代の理論にも影響を与えています。

精神分析の立場からは、遊びはフラストレーション状況における**代償行動**と見ることができます。弟や妹に対する嫉妬心など、直接表現することができない否定的な感情も、遊びの文脈の中であれば許容されます。また、不快な経験によって生じる強い不安も、遊びの中で思い起こして弱い形で体験すれば、不快な経験を受け入れる力につながります[3]。

---

1 Spencer（1855）.

2 Groos（1998）.

3 Peller（1954）.

個体の動機づけの観点からは、遊びは最適な覚醒水準に向けて自ら刺激を求める行動と見ることができます[4]。あふれる刺激によって極度に興奮している状態と同様に、刺激がほとんどなくてやっと覚醒しているような状態も心地よいものではありません。新奇な刺激や複雑な刺激を求めることによって最適な水準の覚醒を得ることができるのです。ホワイト[5]は、人は単に刺激を求めるだけではなく、自分の活動によって環境に何らかの変化をもたらしたという**効力感**を追求するのだと考えました。遊びは実質的な報酬をもたらすことはありませんが、自分が有能だと実感する機会を与えてくれます。

遊びと教育

日常生活では、遊びは学習活動（勉強）と対置されることが多いのですが、フレーベルは遊びの衝動を子どもに内在する創造的な活動として肯定的に評価し、おとなはその衝動を十分に発揮できるように導くことが重要だと考えました。フレーベルは、その考えを実践する施設として「幼稚園」を世界で初めて設立しました。彼はまた、「恩物」とよばれるボールや積木などの一連の教育遊具も考案しています。現在の日本では「遊びを通しての指導[6]」は、広く受け入れられる幼児教育の理念となっています。

モンテッソーリも、フレーベルと同様に、子どもたちの自発的な活動を方向づけることが重要だと考え、体系的な教具を考案しました。モンテッソーリの幼稚園では、算数や文字を学ぶ活動も行われますが、子どもたちが教具を自分で選び、その活動を満足するまで続けることができるという点で「遊び」の要素を含んでいます[7]。

4　Ellis（1973）／森楙・大塚忠剛・田中亨胤（訳）（２０００）

5　White（1959）.

6　文部科学省『幼稚園教育要領』平成20年（２００８年）

7　実際には、モンテッソーリ教育では、子どもたちの行う活動は「お仕事」とよばれます。

遊びの社会的分類

パーテン[8]は、子どもの遊びの発達を社会的な関係によって分類しています。**ひとり遊び**は、文字通り、他の子どもに関心を持たずに1人で遊びに熱中するものです。他の子どもが遊んでいるのに興味を持って傍に行き、時々口をはさんだりするものの遊びには加わらない状態を**傍観**とよびます。積木遊びや砂場などで複数の子どもが同じ遊びをしても、相互のやりとりがなく[9]、実際にはひとり遊びを集団で行っているのが**平行遊び**です。集団の中で言葉によるコミュニケーションやおもちゃのやりとりを伴うものを**連合遊び**とよびます。集団が共通の目標を持ち、自然発生的に1人または2人のリーダーが生まれて、他の子どもにも必要に応じて役割が振りあてられるようになると、**協同遊び**とよばれます。

幼児期を通してみると、ひとり遊びは徐々に減少し、連合遊びや共同遊びが増加していきます。平行遊びは、連合遊びや共同遊びに発展する契機になる[10]ため、年長児でも比較的多く見られます。

練習遊び

ピアジェ[11]は、遊びの原点は行為のシェマをただ使う（同化する）ことを楽しむために使用することにあると考えました。声帯を振動させて声を出したり、ガラガラにつながっている紐を引いたりする行動は、母親を呼ぶために行われる場合には遊びではありませんが、「自分が原因となる」ことが楽しくて行われる場合には**練習遊び**です。これらの行動は、最初は偶然に起きたものが、結果に興味を持って何度も繰り返されることから、**循環反応**とよ

8　Parten（1932）.

9　自分のしていることを言葉にしたり、他児の模倣をしたりすることはあります。

10　Bakeman & Brownlee（1980）.

11　Piaget（1945）／大伴茂（訳）（1967-69）

ばれます。生後1ヵ月過ぎに自分の身体に向けられた一次循環反応[12]が現れ、生後4ヵ月ころからは外部の対象に向けた二次循環反応が現れます。12ヵ月を過ぎると、同じ行為をただ反復して楽しむのではなく、自分の行為をさまざまに変化させて結果の変化を見ようとする三次循環反応が現れます。たとえば、水面の叩き方を変えてしぶきの上がり方の違いを見るなどの行動です。

これらの遊びは、感覚器官や運動器官を働かせること自体を楽しむ遊びであることから、**感覚運動的遊び**ともよばれます。感覚運動的遊び（練習遊び）は、感覚運動期に限定されるものではありません。流れ落ちる水に手を当てて冷たい感覚や飛び散る水の様子を楽しんだり、新しく買ったカメラのさまざまな機能を確認したりする行為は、年長の子どもたちやおとなにも見られるものです。

象徴遊び

1歳を過ぎて、乳児の日常の生活の中で表象機能[13]がさかんに使われるようになると、乳児の遊びも質的な転換を遂げます。ピアジェ[14]は、娘のジャクリーヌが1歳3ヵ月のとき最初の**ふり遊び**[15]を示したと報告しています。枕を連想させるフリンジの付いた布を見て、その布をつかみ、指しゃぶりをしながら横になったのです。さらに、時々目を閉じて眠るような素振りも見せました。また、1歳6ヵ月のときには、水のない場所で「せっけん」と言いながら両手をこすり合わせ、手を洗うような行動を示しました。いずれの例でも、子どもの心的世界では、一連の行為が実際の行為とは異なる別の意味を持っていました。

あるものを別のものに見立てて遊ぶ**見立て遊び**も、表象機能を基礎にしています。前出の

12　ピアジェは子どもが意図的に繰り返していると仮定していますが、指しゃぶりなど快をもたらす反応の生起頻度が上がると考えれば、一次循環反応は一種のオペラント反応と見ることができます。

13　「11　表象」参照。

14　Piaget（1945）／大伴茂（訳）（1967-69）

15　「ふり」という言葉には他者を欺くという意味も含まれますが、ここでは、子ども自身が現実とは別のことをしている「つもり」になることと同義です。

例では、ジャクリーヌはフリンジの付いた布を枕に見立てて遊んでいたことにもなります。子どもたちの間に行為やものを表象として理解する共通の基盤が形成されれば、象徴遊びはお店屋さんごっこやおままごとのようなごっこ遊びとして展開されます。

規則遊び

児童期になると規則を守って勝ち負けを競う遊び（**ゲーム**）を楽しむようになります。ピアジェ[16]によれば、それは、認知的な発達が規則を理解する水準にまで達したからです。

3歳くらいの子どもでも複雑な行動を同じパターンで繰り返すことはありますが、それだけで子どもが自分で規則を作って遊んでいるのだということはできません。規則というからには、義務や禁止という考え方がなければなりません。規則は、初め、年長の子どもやおとなから与えられた外在的なものとして理解されます。この規則は絶対的なもので、変えてはならないものです。やがて、他者の立場に立って考えられるようになると、お互いの話し合いによって自律的な規則を設定することができるようになります。規則を集団の成員の合意によって変えることができれば、勝ち負けを競う遊びの楽しさが増します。

16　Piaget（1945）／大伴茂（訳）（1967-69）

●参考書
J・ピアジェ／中垣啓(訳)（2007）『ピアジェに学ぶ認知発達の科学』北大路書房

パート・3

児童期から青年期へ

21 保存課題

みかけと同一性

見かけが変わっても、ものの重さや長さなどの属性が一定に保たれることの理解を**保存**と言います。保存課題には、面積、数、長さ、重さ、液量などに関するものがあり、幼児はこれらの課題に失敗しますが、児童期になると保存の概念が獲得されていきます。

保存課題

面積の保存の課題では、牧場に見立てた2枚の同じ大きさの紙とウシのミニチュアを用意します。幼児は、最初の状態では「どちらの牧場もウシの食べる草は同じ」と答えますが、一方の牧場の中央にミニチュアの家を置き、もう一方の牧場の隅にミニチュアの家を置くと、「一方の牧場のほうがウシの食べる草が多い」と答えます。3軒の家を牧場に分散して建てるか、一隅にまとめて建てるかでもウシの食べる草は異なると考えます。

典型的な長さの保存の課題では、まず、2本の棒を平行に両端を揃えて置き、同じ長さであることを確認します。その後、一方の棒だけを、平行にどちらかの方向にずらすと、一方が長いという答えが返ってきます。

重さの保存の課題では粘土を利用します。2つの粘土のボールの重さが同じであることを確認した後、一方の粘土をソーセージ状に伸ばすと、ボールあるいはソーセージのほうが重いと答えます（図21-1）。

A　最初の状態
B　子どもの目の前で一方を変形する

図21-1　重さの保存の実験例

液量の保存の課題では、2つの同じサイズの容器を用意して同じ高さにまで液体を注ぎます。両方の液体の量が同じであることを確認した後、一方の容器の液体を別の容器に移します。新しい容器は元の容器より底面積が小さい（その分高さが高い必要があります）か、底面積が大きい（その分高さは低くてもかまいません）ものです。幼児は、容器が変わると一方の液体のほうが多いと答えるようになります。

数の保存の課題では、5、6個のおはじきを等間隔に2列に平行に並べます。両端が揃っているときには2つの列のおはじきは同じだと答えますが、一方の列のおはじきの間隔を狭くする、あるいは広くすると、一方の列のおはじきが多いと答えます。

保存課題における対象物の移動や形の変換は、子どもが見ているところで行われます。形や配置の変化によって「一方が長い」、「一方が重い」などと答えた子どもも、再び元の状態に戻されると「同じ」という答えに戻ります。

可逆性

保存課題で正しく答えられた子どもにその理由を尋ねることで、年少の子どもたちが失敗する理由を推測することができます。「元に戻せば、さっきと同じになるから」などという答えは、**可逆性**に基づく判断です。保存課題では、2つの同じ形をしているもの一方が目の前で変えられているので、頭の中で元の状態に戻して考えてみれば、2つのものの長さや重さが同じであることは確信できます。しかし、幼児の頭の中では、元の形状の視覚的イメージと現在目の前に見えているものとが時間的な系列によってつながれていません。それはちょうど写真が未整理のまま箱に入れられているような状態です。そのため、動画ファイルを操作するように「巻き戻し」たり、もう一度「再生」したりすることができないのです。

相補性

長さの保存の課題で「一方の端は出っ張っているけれども、反対側がその分、引っ込んでいるから」と答える子どももいます。このような**相補性**を考えられる子どもは、知覚的に脱中心化[1]しています。たまたま目にした一方の端にだけ注意を向けるのでなく、両端に注意を払っています。

重さの保存や液量の保存の場合には、特定の部分ではなく特定の次元に対する注意が問題になります。重さの保存の課題では粘土のかたまりの長さと太さの次元、液量の保存の課題では容器の底面積と液面の高さの次元を同時に考慮する必要があります。

幼児にとっては、複数の場所に注意を払うことが困難なだけでなく、2つの次元を同時に考慮することも困難です。それは、分類課題の遂行とも関連しています。幼児は、形と色がさまざまに異なる積木を、色あるいは形の一方に基づいて分類することは可能ですが、2つの次元を同時に考慮して「赤い三角形」「青い四角形」のように分類することはできません。

同一性

「同じ棒だから」「同じ粘土だから」などの理由をあげる子どももいます。別な棒や粘土にすり替わったわけではないという質的な**同一性**の理解は、それほど難しいことではないように思えます。しかし、年少の幼児にとっては、たとえ親しい人物であっても、見かけが変わると「違う人」なのです。ピアジェ[2]は、2歳7ヵ月の娘のジャクリーヌが、新しい水着

1　「15　自己中心性」参照。

2　Piaget（1945）／大伴茂（訳）（1967-69）

と帽子を着けて現れた妹のルシエンヌを見たときの発言を記録しています。ジャクリーヌは母親に「この子はなんという名前？」と尋ね、母親が説明しても、同じ質問を繰り返しました。ルシエンヌがいつもの服に着替えると、真顔で「ルシエンヌに戻った」と叫びました。

ペットの同一性についての実験的研究[3]もあります。メイナードと名付けたネコと子どもを遊ばせ、子どもが尻尾に注目しているときに実物そっくりの獰猛なイヌのマスクをメイナードに被せました。6歳児はメイナードはネコのままで、イヌのように見えるだけだと答えましたが、3歳児はメイナードがイヌになった[4]と考えました。

質的な同一性を土台にして量的な同一性が獲得されます。「棒が切りとられていないから」「粘土が足されていないから」と答える子どもは、量的な同一性を理解しているということができます。

水平的デカラージュ

2つの粘土のボールのうちの一方をソーセージ状に変形して子どもに質問する課題は、重さの保存のほかに、物質量の保存と体積の保存があります[5]。物質量の保存では、「どちらの粘土のほうが多いか」、体積の保存では同じ大きさの容器に同じだけ水を入れ「どちらのほうが水が上がってくるか」と尋ねます。物質量の保存がもっとも低い年齢で可能になり、ついで重さの保存、体積の保存の順で続きます。このように、同じ形式の思考によって解決できる課題[6]であっても、具体的な内容の違いによって達成の年齢がずれることを**水平的デカラージュ**[7]とよびます。これは、この時期の子どもたちの論理的思考が、具体的な内容について個々に獲得されていくことの表れです。

---

3 DeVries (1969).

4 単に「イヌだ」と言うだけでなく、メイナードはワンと鳴き、ドッグフードを食べるだろうと答えました。

5 Piaget & Inhelder (1965).

6 保存課題はどれも同じ形式の思考を要求していますが、この3つの課題では、使用する材料もまったく同じです。

7 同じ認知発達の水準において内容の違いによって起きるズレを水平的デカラージュとよぶのに対して、行為という下位の水準で可能になった内容が、表象という上位の水準ではすぐには可能にならないことを**垂直的デカラージュ**とよびます。後者の例としては、家から学校まで回り道をして行くことのできる子どもが、地図の上でその道筋を示すことができないことなどがあります。

●参考書
J・ピアジェ／中垣啓(訳)（2007）『ピアジェに学ぶ認知発達の科学』北大路書房

22 ギャング集団

社会性を培う場所

仲間との関係は、親子関係、きょうだい関係や学校での先生との関係と違って、年齢や社会的立場に関して同等の関係です。自分と同じ年齢の仲間に対する関心は早期から見られ、0歳代の乳児であっても、お互いに微笑し、発声し、見つめあう行動が出現します。しかし、一般の家庭では、乳児期に同年齢の乳児と相互作用をする機会は多くありません。今日の日本では、多くの子どもが3歳以降に幼稚園や保育所に入ってから同年齢の子どもに日常的に接することになります。幼稚園や保育所での仲間関係は、おとなが設定した園やクラスという単位の中に形成され、偶発的、一時的な交流が多くを占めています。小学校に入学してからも、親や先生の影響のもとに仲間関係が作られる状況がしばらく続きます。

ギャング集団の形成

児童期の後半になると、子ども同士が自発的に集まって固定したメンバーで遊ぶようになります。この集団を**ギャング集団**とよびます[1]。

ギャング集団は小学校3年生ころから形成され始めますが、5、6年生がその最盛期です。中学校に進み、かつてのメンバーとクラスや学校が違ってしまうと自然消滅するのが普通です。ギャング集団がよく形成される児童期の後半の時期は、**ギャング・エイジ**ともよばれます[2]。

---

1 小林さえ（1968）

2 ギャング集団、ギャング・エイジの「ギャング」の原語は英語のgangと考えられますが、実際にはgangがこの意味で使われることはありません。英語ではclique（クリーク）が日本語のギャングに近い概念です。ただし、cliqueは児童期ばかりでなく、青年期の集団についても使われます。

典型的なギャング集団は、5名の同性の同学年の児童で構成されます。男子と女子を両方含む集団はそれほど多くありません。クラスが同じ、家が近いなど近接の要因の影響が大きいため、メンバーは、多くの場合、接触の頻度がいちばん大きい同級生です。遊びの種類としては、鬼ごっこなどの運動遊び、ままごとやチャンバラなどのごっこ遊び、トランプやベイゴマなどの勝負事が多くなっています。どの遊びをするにしても、遊びのテーマは明確で、全員が参加します。

ギャング集団は、怪我をするような危険な冒険をしたり、いたずらで近所に迷惑をかけたりすることもあるので、困った存在と見られがちですが、大部分のギャング集団の活動は穏やかで目立たないものです。

閉鎖性はギャング集団の大きな特徴です。集団に加わるために儀式を行ったり、秘密の合言葉をもうけたり、メンバーだけが知っている「隠れ家」を造ったりします。メンバーの集団への所属意識は強く、自分と集団とを同一視する「われわれ意識」を持ちます。

集団の中の役割分担の経験も重要です。特定のリーダーを持たずに運動遊びやごっこ遊びをするギャング集団もありますが、知らない土地の探検や初めての冒険を企てるなら、組織的な行動は不可欠です。リーダーのほかに地図担当、食料担当などの係が設けられ、自分の役割を着実にこなすことによって、子どもは他者とのかかわり方を学び、集団の中での地位に自信を深めます。

チャム関係の形成

中学校への進学によってメンバーが散り散りになることが、ギャング集団が解散する最大の原因ですが、本質的な理由は他にあります。青年期に入ると、子どもたちの主要な関心は、新しいものや遊びではなく、自分自身の内面に向かい始めます。自分と同じ行動をとる人ではなく、自分と内面的に類似している人が好まれるようになります。

サリバン[3]は、児童期から青年期に移行する時期に同性の特定の人物との間に形成される親密な関係を**チャム関係**（chumship）とよびました。チャム[4]は、ギャング集団の仲間のような自分の要求を満たすために有用な存在ではなく、連帯感と安心感を持ちたいという要求を相互に満たしあう存在です。相手の気持ちを自分の気持ちと同じくらい強く感じられるチャム関係は、その後の成熟した対人関係（異性との恋愛関係を含む）の形成に向けた第一歩になります。

チャム・グループからピア・グループへ

日本におけるエンカウンター・グループの研究[5]では、サリバンのチャムを拡張してチャム・グループという概念が設けられています。中学生のころによく見られる、共通の興味やクラブ活動で結びついている仲良しグループで、お互いの感覚や感情の類似性を言葉で確かめあうことが特徴です。

これに対して**ピア・グループ**は高校生以上に見られるもので、お互いの将来や理想を語り合うことができるグループです。お互いの意見や価値観が異なっていても、それが障害になることはありません。違っている部分も含めて相手を尊重できる、自立した個人からなる集団です。ピア・グループでは、他者と自分との違いを明確にすることによって自分らしさを育もうとする姿勢が見られることもあります。

3　Sullivan（1953）／中井久夫・宮崎隆吉・高木敬三・鑪幹八郎（訳）（１９９０）

4　チャム関係にある相手をチャム（chum）とよびます。

5　保坂亨・岡村達也（１９９２）

6　犯罪白書の統計では、20歳未満の男女が少年として扱われます。

仲間からの圧力

児童期後半から青年期にかけて、ギャング集団、チャム・グループ、ピア・グループと、仲間関係のあり方は変わっていきますが、この年代の子どもたちが仲間からの影響を強く受けることに変わりはありません。

仲間からの圧力の影響は良い方向にも悪い方向にも働きます。悪い方向の例として、犯罪の共犯率の資料（表22-1）があります。平成19年の日本の一般刑法犯検挙件数のうち共犯事件の占める割合は、成人のみの事件では16・2％であったのに対して、少年[6]のみの事件では25・3％となっています。特に強盗、傷害、恐喝事件で少年の共犯事件の発生が顕著です[7]。仲間と一緒ならば犯罪に抵抗がない、悪いこととわかっていても仲間に誘われると断れない若者の姿が垣間見えます。

十代の若者が仲間の意見や行動の影響を強く受けていることは確かですが、何に関しても仲間に同調するわけではありません。彼らは、服装や髪形、見る映画や聴く音楽に関して仲間の流行を取り入れますが、自分の進路や将来の職業に関しては経験や知識が豊富なおとなの意見を聞こうとします[8]。要するに、十代の若者はその領域の専門家の意見に従うのです。友達や親との関係についての悩みならば仲間に、進学や就職についての悩みならば両親や他のおとなに相談します。

以前はもっぱら親の言うとおりに行動するだけであったのが、従うべき対象に仲間という選択肢が新たに加わったということもできます。そして、青年期を通じて、親からの圧力にも仲間からの圧力にも惑わされない自律した存在に向けて発達していきます。

7 法務省（2008）

8 Phelan, Yu, & Davidson (1994).

●参考書

M・トンプソン、L・J・コーエン＆C・O・グレース／坂崎浩久（訳）（2003）『子ども社会の心理学』創元社

表22-1　少年事件の共犯率（平成19年）

	少年のみによる事件	成人のみによる事件
刑法犯全体	25.3％	16.2％
強盗	57.7％	19.0％
恐喝	55.9％	36.9％
傷害	34.4％	11.0％

法務省「平成20年版犯罪白書」による

23　性役割
男らしさ・女らしさ

社会は特定のグループの人々が特定の行動をとることを期待します。人々が「社会人らしく」、「高校生らしく」振る舞おうとするのは、その社会が年齢や職業に関して期待する役割を学習によって自分の中に取り込んだ結果です。社会によって、成人や高校生に期待する行動はかなり異なります[1]。社会が男性あるいは女性に期待する役割を**性役割**（gender role）と言いますが、それがどのように形成されるかに関してはさまざまな議論があります。

性別とジェンダー

性別（sex）と**ジェンダー**（gender）は似た言葉ですが、心理学や社会学の領域では、性の違いのどの側面に注目するかによって２つが使い分けられています。生物学的あるいは生理学的性によって区別するときには性別という言葉が、特定の社会が男性あるいは女性にふさわしいと考える役割、行動、態度を問題にするときにはジェンダーという言葉が使われます。生殖器官の違いや性ホルモンの分泌によって引き起こされる身体的差異は性別によるものであり、男女の平均賃金の違いや喫煙率の違いにはジェンダーが関係しているでしょう。

マーガレット・ミードの研究とその後

１９３０年代に行われたマーガレット・ミードのパプア・ニューギニアの３部族の気質に

1　ハチやアリなどの社会性昆虫に見られる役割の分担は、女王バチや働きバチに生得的に備わった生物学的なメカニズムによるものです。そのため、集団によって異なることはありません。

2　Mead（1935）.

3　Gewertz（1981）.

4　チャンブリ族の女性は交易相手

関する研究[2]は、男性は支配的で攻撃性が高く、女性は従順で親和的であるという従来のジェンダーのステレオタイプを否定するものでした。

ミードによれば、アラペシュ族は男女ともに温和で戦争を好みませんでしたが、ムンドゥグモール族は男女ともに好戦的な気質を持っていました。チャンブリ族は、女性が漁労などの生産活動や他の部族との交易に携わって社会的に優位に立ち、男性は女性に依存してもっぱら描画や踊りなどの芸術活動に時間を費やしていました。この結果は、男女の気質の違いや性役割が文化によってどのようにでも変わりうることを示すものと見なされました。

しかし、その後の研究[3]は、ミードの記述が不正確であったことを指摘しています[4]。

知能・性格の性差

最近の研究は、知能や性格のような心理的特性に明確な**性差**があることを明らかにしています。標準的な知能検査は一方の性に有利にならないように配慮して作られているため、最終的に算出される知能指数に性差は存在しませんが、男性あるいは女性が特に得意とする領域があるようです。アメリカ心理学会が専門家チームに依頼して作成したレポート[5]によれば、男性は心的回転の課題や空間内を移動する対象の追跡課題など空間認知に関する課題に優れており、女性は類義語や特定の文字で始まる語を思いつく課題のような言語的課題に優れています。どちらの場合も、男女の平均値の差はかなり大きなものです。

性格に関しても性差の存在が指摘されています。世界の26の文化で2万人以上に行われてきた改訂版NEO人格検査[6]の結果を集計して分析したところ、小さいながらも一貫した性差が認められました[7]。女性は神経症傾向、調和性、温かさと感情の開放性が高く、男

の他部族を見下す態度をとるものの、同じチャンブリ族の男性に対して優位に立つわけではなく、女性の労働の収益を支配する権利は夫や父親にありました。また、チャンブリ族の男性の芸術活動は、流浪の時期を経て元の居住地に戻ったばかりという、当時の時代的な条件によるものと考えられています。

5 Neisser et al.（1996）.

6 NEO-PI-R. 5因子モデルに基づいて作られた、質問紙法の人格検査（Personality Inventory）。NEOは神経症傾向（Neuroticism）、外向性（Extraversion）、開放性（Openness to experience）の頭文字ですが、これに調和性（Agreeableness）と誠実性（Conscientiousness）の因子も加えられています。各次元はファセットとよばれる6つの下位次元から構成されます。温かさ（Warmth）と断行性（Assertiveness）は外向性の、感情の開放性（Openness to feelings）とアイデアの開放性（Openness to ideas）は開放性のファセットです。

7 Costa, Terracciano, & McCrae（2001）.

性は断行性とアイデアの開放性が高かったのです。

性差の生物学的基礎

　知能や性格の性差には、**性ホルモン**が関連していることが明らかにされています。男性のテストステロン[8]の水準は空間能力の一部の課題と正の相関を持ち、言語能力のいくつかの指標と負の相関を持ちます[9]。先天性副腎皮質過形成症（ＣＡＨ）は、胎児のときに大量のアンドロゲンが分泌される結果、女性の場合、脳の構造が男性化することが知られていますが、ＣＡＨ群の女性は統制群の女性に比べて、心的回転など空間認知に関連する能力が高く[10]、性格検査では、繊細さの得点が低く、身体的攻撃の得点が高い[11]という結果が報告されています。

　このような性差は、ヒトという生物の進化の過程に関連づけて説明することも可能です。たとえば、男性の攻撃性は、かつては現在よりも強く存在していた配偶者獲得競争を反映したものだと考えられます[12]。

性役割獲得の理論

　心理学的特性の性差に生物学的な基礎があるにしても、それだけでジェンダーを説明することはできません。知能や性格の性差は分布の平均値の差であるのに、性役割というのはカテゴリー的に区別されているものだからです。

　性役割の獲得を説明する理論にはいくつかのものがあります。フロイトによれば、幼児期に男女の性器の違いに気づき性別を意識するようになった子どもは、異性の親を独占したい

8　アンドロゲン（男性ホルモン）の一種。
9　Christiansen & Knussmann (1987).
10　Resnick et al. (1986).
11　Mathews et al. (2009).
12　長谷川寿一・長谷川眞理子（２０００）

と願い、同性の親に敵意を抱きます。しかし、そのような願望を持つと罰を受けるのではないかと不安になった子どもは、同性の親と同一視[13]を行い、異性の親の好意を獲得する道を選びます。この同一視の結果として、同性の親から性役割も獲得されることになります。

社会的学習理論では、おとなが子どものジェンダーにふさわしい行動を褒め、ふさわしくない行動を禁止することによって、あるいは、子どもが同性のモデルの行動を観察したりすることによって獲得されると考えます。性役割は、個々の具体的行動として獲得され、その獲得のメカニズムは攻撃行動などの場合と同じです。

認知発達理論では、幼児期に性同一性に関する理解が進む過程で、自分のジェンダーに適合する行動を自分から選択するようになると考えます。子どもは2歳半ころから、自分が男の子か女の子かを言うことができるようになります。しかしながら、その「性別」は、服装や遊ぶおもちゃによって変わってしまうようなものであり、男の子（女の子）でも将来母親（父親）になれると考えています。性別が外見や時間の推移によって変わらないことを理解すると、自分のジェンダーに沿った行動を明確に好むようになります。

ジェンダー・スキーマ理論では、ジェンダーが外部の情報を組織し構成するための重要な枠組みとして働くと考えます。子どもは早くから周囲のおとなの日常的な行動の中に埋め込まれているジェンダーという枠組みに気づきます。そして、他者をジェンダーの枠組みの中で理解するようになり、自らもジェンダーという基準を常に意識しながら行動するようになります。また、ジェンダー・スキーマを自分自身に適用することを学び、ジェンダーが自己概念の中核を形成するようになります。

13　特定の人物の人格全体をまるごと自分の中に取り込むことを言います。

●参考書

山内兄人（２００８）『性差の人間科学』コロナ社

青野篤子・土肥伊都子・森永康子（２００４）『ジェンダーの心理学――「男女の思いこみ」を科学する』（改訂版）ミネルヴァ書房

24　形式的操作

抽象的な思考能力

小学生は、実際に存在する具体的な対象や自分の経験に即した内容については、論理的思考をすることができます。しかし、具体的な内容を離れて抽象的な推論ができるのは中学生の年齢になってからです。小学校の算数で流水算や鶴亀算として解いていた問題を、中学生の数学ではxやyという抽象的な変数を使って解くのも、このことと関係があります。

抽象的思考能力の獲得は、知的活動を広げるだけでなく、青年の社会性にも大きな影響を与えます。現実には存在しない「理想」を考える能力を持つことは、中学生が親や教師などの権威に対して反抗的になる理由の一つです。

仮説演繹的思考

形式的操作の段階に達した子どもは、内容を離れて命題の形式に基づいて論理的に推論することができます。たとえば、「AさんはBさんより髪の色が濃い。AさんはCさんより髪の色が薄い。3人のうち誰がいちばん髪の色が濃いか」という問題に対して、実際には観察できない架空の人物のことであっても、「Aさんという人がいて、その髪の色がBさんよりも薄いとする」というような仮説の上で推論を進めて正答に達することができます[1]。

形式的操作を獲得した子どもは、単に架空の内容だけでなく、現実に反する内容であっても、それをいったん受け入れて論理的に推論することができます。「本州の南に九州があり、

1　Piaget（1964）／滝沢武久（訳）（1968）

九州の南に北海道があるとしたら、北海道と本州はどちらが北にあるか」という問題に対して、日本地図は習っていても、まだ形式的操作の段階に至っていない小学生は、北海道がもっとも北にあるという経験的事実から離れられずに答えを誤ってしまうでしょう。一方、形式的操作が可能になった子どもは、北海道や本州という地名を記号のように扱って正答を導くことができます。

振り子課題

振り子の振動の速さを決める要因は学校の授業でも教わりますが、形式的操作に熟練した子ども[2]は、材料が与えられれば先生に教わらなくても、自分で実験して振り子の原理を発見することができます。この課題で求められているのは、適切な実験を企画し、その結果から帰納的な推論を行うことです。

イネルデとピアジェ[3]は、錘の重さ、紐の長さが異なるいくつかの振り子を子どもたちに与えました、子どもは、高い位置あるいは低い位置で錘から手を離すことができます。また、錘に推進力をつけて手を離すこともできますし、そっと手を離すこともできます。

具体的操作期の子どもは、手当たり次第にさまざまな方法を試しますが、何が重要なのかを見つけ出すことができず、やがて実験を放棄してしまいます。それに対して、形式的操作期の子どもは組織的に検証します。1つの要因だけを変化させて他を一定に保ち、すべての要因について調べたのち、振り子が振れる速さを決めるのは紐の長さだけで、他の要因はまったく関係がないことを発見します[4]。

2 ピアジェは、具体的操作から形式的操作への移行は徐々に行われるものであり、振り子課題のような難しい課題は、単純な推論の課題ができるようになってから、さらに3、4年が必要だとしました。

3 Inhelder & Piaget（1955）.

4 Inhelder & Piaget（1955）.

液体の化学反応の実験

この課題では、すべての可能な組み合わせを組織的に検証することが重要な意味を持ちます。イネルデとピアジェ[5]は、別々のフラスコに入った無色の液体4種類と、小瓶に入った液体gを用意しました[6]。液体1と液体3を混ぜてスポイトでgを2、3滴加えると、化学反応によって液体は黄色く変わります。液体2は化学反応にまったく影響しません。液体4には黄色く変わるのを妨げる働きがあります。子どもの前に液体1と液体3の混合液の入ったコップと液体2が入ったコップを用意してgを加え、一方が黄色くなり他方は変化しないことを見せます。その後、子どもたちに同じように黄色い液体を作るように求めます。

具体的操作期の子どもの多くは、ひとつひとつの液体にgを混ぜるだけで「全部試したけれどだめだった」と答えます。おとなが2つ以上の液体を混ぜてもよいことを教えると混ぜて調べ始めますが、手当たり次第に混ぜるために、偶然黄色くなったとしても再現することができません。

形式的操作期の子どもは、すべての可能な組み合わせについて組織的に検証します。途中で黄色が出る組み合わせを見つけてもさらに実験を進め、「1＋3＋g」と「1＋2＋3＋g」だけが黄色を出す組み合わせであることを突き止めます。そして、それぞれの液体の役割を説明することができます。

形式的操作と第二反抗期

現実に反する仮定を受け入れて論理的に推論できるようになると、「もしこの家に生まれ

5　Inhelder & Piaget (1955).

6　液体1は希硫酸、2は蒸留水、3は過酸化水素水、4はチオ硫酸塩、gはヨウ化カリウムです。

ていなければ」「もしこの教師が担任でなかったら」自分がどうなっているだろうかと想像することができます。その結果、かつては絶対的だった親や教師という権威は相対化され、青年はおとなに対して拒否的、反抗的な態度を示すようになります。また、すべての可能な組み合わせについて組織的に考えられるということは、実際にはありえない最高の条件の組み合わせからなる「理想」について考えられるということです。具体的操作期の子どもでも「友達のお母さん」や「隣のクラスの先生」を引き合いに出して文句を言うことはありますが、「理想の母親」や「理想の教師」と現実との落差は、それと比べようもないほど大きなものです。このことは、現実の親や教師に対する青年の欲求不満を増幅します。13～14歳ころの**第二反抗期**は、このような認知発達の影響を受けて出現するものです。

形式的操作を使用するのはどんなときか

青年期に形式的操作をする能力を獲得したとしても、人々はいつでも形式的操作による思考をしているわけではありません。その人にとって興味があるもの、重要だと思う事柄、知識や経験がある領域では形式的操作を使っていても、それ以外の領域では使わないかもしれません。

大学生の専攻と形式的操作の課題の内容との関係を調べた研究によれば、物理学を専攻する学生は、振り子問題のような課題では形式的操作を使って問題を解く率が高くなりますが、政治的意識の形成や文体の分析に関する問題では、それほど形式的操作を行いません。政治意識の形成の問題では政治学専攻の学生が、文体の分析の問題では文学専攻の学生が、もっとも高い形式的操作の使用率を示しました[7]。

7 De Lisi & Staudt (1980).

●参考書
J・ピアジェ／中垣啓(訳)（2007）『ピアジェに学ぶ認知発達の科学』北大路書房

25　道徳判断

善悪の理由づけの発達

しなければいけないことをなかなかできなかったり、してはいけないとわかっていてもついついしてしまったりすることは誰にでもあります。しかし、善い行動を起こし悪い行動を起こさないためには、まず、何が善で何が悪かを判断する基準を持たなければなりません。この判断の基準は、幼児期から成人期にかけて発達的に変化します。

ピアジェは幼児期から児童期の子どもの道徳判断について調べましたが、コールバーグはこれをさらに発展させ、成人期に至るまでの道徳判断の発達に関する理論を打ち立てました。

結果論的判断から動機論的判断へ

ピアジェ[1]は、子どもたちに表25-1のような一対のエピソードを聞かせた後で、①2人とも同じくらい悪いかどうか、②どちらの子が悪いのか、その理由はなぜか、を尋ねました。10歳以下の子どもたちでは、物質的な損害の大きさという客観的な結果をもとに善悪を判断する答えと行為者の意図や動機から判断する答えが並立していましたが、年齢が上がるほど後者の判断は多くなり、10歳以降では物質的な損害だけで判断を下す事例は見られませんでした。

嘘とはどのようなものか、なぜ悪いのかという理解も、行為者の意図を考慮できるようになることで変化します。もっともプリミティブな嘘の定義は「悪い言葉」です。おとなに禁

1　Piaget（1932）／大伴茂（訳）（1957）

2　規則などの道徳的判断の基準が外部に実在するという道徳的実在論は、幼児が夢や名前が客観的に実在すると考える実在論（実念論）の一種と見ることができます。「16　アニミズム」参照。

3　Kohlberg（1971）／永野重史（編）（1985）

止されている汚い言葉も「嘘」に含まれます。やがて嘘とは本当でないことだと理解しますが、当初は間違いと嘘とが区別されません。両者をはっきり言葉で定義できるのは10歳になってからです。

ピアジェはこのような道徳判断の発達を子どもの遊び（ゲーム）の規則の理解と関連づけました。規則に沿ったことは正しいこと、善いことであり、規則に反することは間違ったこと、悪いことだからです。年少の子どもたちにとって規則は外部に実在するものです。ピアジェは、これを道徳的実在論[2]とよびました。この段階では、おとなが示す規則は絶対的で変更できないものだと考えます。やがて、仲間同士の相互作用の中で他者の考えを尊重できるようになると、規則は全員の合意によって変更可能なものへと変わります。規則を外在的にとらえているあいだは、結果的な損害が大きいほど、おとなの「物を壊してはいけない」という規則から大きく逸脱することになるため、悪い行為ということになります。規則を協同的なものと理解するようになれば、おとなが同じように罰する盗みのような行為でも、行為者の意図を推測して悪さの程度に違いが生じます。

ハインツの課題

コールバーグは、道徳的ジレンマを含むストーリーを聞かせて、その主人公はどう行動するべきか、なぜそう考えるのかを、あらかじめ決められた質問によって尋ねます[3]。そのようなストーリーのひとつに、次にあげるハイ

表 25-1　ピアジェが使用したエピソード

Ⅰ 失敗	夕食によばれたA君がダイニングルームのドアを開けると、ドアの後ろに椅子があり、その上には15個のカップが載ったトレイが置かれていた。A君はそのことを知るはずもなかった。A君がドアを開けると、ドアはトレイにぶつかり、15個のカップはみんな割れてしまった。	B君はお母さんがいないときに食器棚の上のほうにあるジャムを盗み食いしようとした。椅子によじ登り手を伸ばしたが、ジャムには手が届かなかった。そのとき、近くのカップに触って1個割ってしまった。
Ⅱ 盗み	C君は、貧しい暮らしをしている年下の友達に町で出会った。彼は、家に食べるものが何もなく今日は食事をしていないと言う。C君はパン屋に入ったが、お金を持っていなかったので、パン屋が後ろを向いた隙にパンを盗み出し、その子に渡した。	Dちゃんがお店に入るとテーブルの上にリボンの切れ端があった。自分のドレスにとても合うと思ったDちゃんは、店員が後ろを向いた隙にリボンを盗み、家に逃げ帰った。

ンツのジレンマがあります。

　ある女の人が特殊な癌で死にかけていた。それを救えるかもしれない薬がある。それは同じ町の薬屋が最近開発したもので、もともとの原価も高かったが、薬屋はさらにその10倍の値段をつけて売っていた。夫のハインツは借金に奔走したが、その半額しか調達できない。薬の値引き、後払いを頼んだが「私が開発した薬です。私はそれでお金を儲けるのです」と言って断られる。ハインツは絶望的になり、薬を盗むために店に押し入った。

　コールバーグの課題では、「盗むべきか、盗むべきでないか」というような判断の方向によって発達段階が評価されるわけではありません。どちらの判断であっても、その判断がどのようにして導かれたかが重要です。発達は、内的な道徳判断の基準を持たない前慣習的水準から、自分が属する集団の慣習的判断を積極的に取り込もうとする慣習的水準へ、さらに慣習を超えた道徳原理を志向する後慣習的水準[4]に進みます。それぞれの水準はさらに2つの段階に分かれています（表25-2）。

前慣習的水準

　段階1では、ひたすら罰を回避しようとし、権威者に服従します。親や先生の言うとおりに行動して叱られないようにすることが正しいことです。それは、ピアジェの道徳的実在論の観点と同じです。この段階の判断は自己中心性に支配されていて、他者の観点に立つことができません。男性を対象とした縦断的研究[5]の結果によれば、10歳では2割弱を占めま

表25-2　コールバーグの道徳判断の発達段階

前慣習的水準	段階1	罰と服従への志向
	段階2	道具主義的な相対主義志向
慣習的水準	段階3	対人的同調、あるいは「よいこ」志向
	段階4	「法と秩序」志向
後慣習的水準	段階5	社会契約的な法律志向
	段階6	普遍的な倫理的原理の志向

注　段階の名称はコールバーグ（1971, 永野訳, 1985）によった。

4　慣習にとらわれずに判断することができる水準という意味で、超慣習的水準あるいは脱慣習的水準とよばれることもあります。

すが、その後減少して、青年中期以降ほとんどなくなります。

ハインツのジレンマでは、「薬を盗んではいけない。盗んだら捕らえられて刑務所に入れられる。逃げても、お巡りさんに追いかけられて落ち着かない」という答えが典型的です[6]。

段階2では、正しい行為とは自分の要求を満足させる行為です。一方で、他者もまた自分の要求を満足させようとしていることを理解します。そのため、人間関係は取引の場になり、「自分に何かをしてくれるのなら、お返しに何かをしてあげよう」と考えます。この段階の子どもは、人が異なる要求を持つことはわかっていても、利害の衝突を調整する合理的方法がわからないために、ケンカ両成敗のように足して2で割る解決法や、じゃんけんのように善悪を問わない決着を求めることがあります。10歳では半分以上の子どもが段階2に属しますが、青年期、成人前期を通じて一貫して減少し、最終的にはほとんどなくなります。

ハインツのジレンマで、「薬をうまく盗めても、奥さんに効くかどうかはわからない。もし捕まったら、出てきたときに奥さんはもう死んでいるだろう」というような回答は、「奥さんが長生きしてくれるならば、盗んで刑務所に入ってもいい」という取引に基づくもので、段階2の回答の例です[7]。

慣習的水準

段階3では、第三者の観点を持ち込むことによって道徳判断の基準を共有化する道が開かれます。正しい行為とは他者から是認される行為、少なくとも非難されない行為です。ただし、段階3の「他者」とは、親戚や友人、隣人など、本人が知っている範囲の人に限られます。利害の衝突を第三者の客観的な視点から考えようとする点は大きな前進ですが、第三者

---

5 開始時に10歳から16歳だった男性を、20年以上追跡調査した研究です。
Colby et al. (1983).
他の段階の比率の年齢的変化の記述も、この文献によります。

6 「奥さんをそのまま死なせると、薬屋だけでなくハインツも警察の取り調べを受けるから、盗んだほうがよい」という答えもありえます。

7 「刑務所に入るにしても短い間である。奥さんが生きていれば、刑務所を出てきたときに困らない」という答えもありえます。

が具体的な人物であるため、かかわりのある人がいる状況といない状況では判断が異なってしまいます。「旅の恥は掻き捨て」というのは、後者の状況の行動を示す表現です。10歳のときは、段階3は4分の1を占めるにすぎませんが、その後増加して、青年中期には6割を超えます。青年後期からは減少に転じますが、成人前期でもおよそ3分の1の人が段階3に属します。

ハインツのジレンマで言えば、「薬を盗んでも誰もその人が悪いとは考えない。盗まないと、家族の人は、この人は人間でないと思うだろう。奥さんを死なせたら二度と人の顔を正面から見られなくなる」というような答えになります[8]。

段階4では、正しい行為とは自分が属する社会的組織の成員に対して義務を果たすことです。それは、現在の社会秩序を維持するということにもなります。段階3と同じく第三者の視点から判断していますが、段階4では家族、学校、地域社会、国家などの抽象的な組織全体を考え「一般的な他者」の視点を持つことが特徴です。10歳では段階4はほとんどいませんが、青年期以降その比率は一貫して増加し、成人期では半数以上の人が段階4に達します。

ハインツのジレンマでは「法律は守らなくてはいけない」というのがこの段階の典型的な回答です。しかし、その理由は段階1のような「牢屋に入れられるから」ではなく、「みんなが自分の必要とするものを盗み始めると、安心して暮らしていけなくなるから」です[9]。

後慣習的水準

段階5は、段階4と同じく法的な観点を重視します。しかし、法律を固定的に考えるのではなく、社会契約として成立した法律は、合理的な手続きによって変更可能だと考えます。

8　「周りの誰もがあなたを前科者としてみる。それは本人だけでなく、家族にとってもたいへん迷惑なことだ」という答えもありえます。

9　判断内容は法律には違反しますが、夫婦間の一般的な契約に言及して「結婚した夫婦の間で、妻を助けるためにできる唯一のことをするのを夫は恐れてはいけない」とする回答も段階4のものです。

過去の時代、他の国、他の組織では異なる法律や規則が存在することを意識し、法律の条文の背後にあり、法律が守ろうとしている個人の普遍的な権利を認識します。段階5は青年中期から現れ始めますが、成人期に入っても段階5に属する人は1割以下です。

ハインツのジレンマでは、「薬を必要としているのはハインツの奥さんだけではない。盗みに入れば、その薬をもっと緊急に必要としている人たちの命を奪うことになるかもしれない」というような回答は段階5と考えられます。

段階6では、自分自身で選択した道徳的原理に基づく判断をすることができます。当事者の権利の衝突を調整する手続きについて考えるだけでなく、すべての人間に等しく備わっている権利を尊重しながら、権利と義務の内容を実質的に示すことができます。ジレンマの状況では、個々の当事者の立場に立ってその権利を考え、そのすべての権利を公平に検討して、どの立場からも受け入れられるような決定をすることができます。コールバーグは、この理想的な道徳判断の段階に達する人はたいへん稀だと考えていました。

公正さの道徳性と配慮の道徳性

コールバーグは、道徳判断の段階的発達は文化を超えた普遍的な現象だと考えていました。たしかに、多くの文化において、年齢の増加とともに低い段階が減少し、高い段階が増加します。しかし、女性は男性に比べて一般に低く評定され[10]、日本人は段階3に早く達しますが、そこに長くとどまり、その先に進まない者が多くいます[11]。このことから、コールバーグが考えた抽象的な原理によって公正さを目指す道徳とは別の、具体的な状況の中での対人的配慮を重視する道徳判断がありうることが示唆されます。

10　Gilligan（1982）／岩男寿美子（訳）（１９８６）

11　山岸明子（１９８５）

●参考書

片瀬一男・高橋征仁・菅原真枝（２００２）『道徳意識の社会心理学（ニューセンチュリー社会心理学４）』北樹出版

26　モラトリアム

自立の前の逡巡

モラトリアムはもともと経済学の用語で、債務者の破綻によって社会に深刻な影響が予想されるときに、法令によって一定期間支払いを猶予する措置あるいはその期間を言います。青年は経済的な債務者ではありませんが、社会は青年に対して社会的な責任や義務の履行を一定期間猶予し、職業人として必要な知識や技能を身に付ける時間を与え、さまざまな仕事を実験的に試みることを許してくれます。エリクソンは、このことを**心理社会的モラトリアム**とよびました[1]。

アイデンティティ達成 対 アイデンティティ拡散[2]

モラトリアムの期間に青年がなすべきことは、アイデンティティの達成です。**アイデンティティ**とは、まず、さまざまな異なる行動をとることがあっても自分は同じ1人の人間であり、昨日の自分が今日の自分になり明日の自分へと連続しているという感覚を持てることです。そして、他者にも自分がそのような存在として理解されていると感じることです。さらに、社会の中にはっきりと位置づけられる存在でなければなりません。つまり、自分は社会にとって意味ある存在であり、社会が認める目標に向けて着実に歩んでいるのだという確信が必要です。

青年期に入り、急速な身体的成長と第二次性徴に見られるような性的成熟に伴って、身体

1　Erikson（1959）／小此木啓吾（訳）（1973）

2　この項目のタイトルは青年期の危機（4「発達段階」参照）を表しています。エリクソンの初期の著作では「アイデンティティ拡散」の代わりに「役割混乱」の語が使われていました。また、後期の著作では「アイデンティティ混乱」の語が使われています。

的にはもはや子どもではなくなります。おとなの世界は身近なものとなり、やがて社会に出て仕事をする自分の姿を実感として感じられるようになります。そのような状況で青年はアイデンティティを達成しなければなりませんが、自己のイメージが分裂して統合できない**アイデンティティ拡散**の状態になることもあります。拡散に陥ったときには、非行や精神病理的な兆候を示すこともありますが、その多くは一過性で、周囲が適切に対処すれば深刻な問題となることはありません[3]。

アイデンティティ拡散の症候の一つに、時間的展望の拡散があります。将来に対する希望が持てずに、青年期が終われば自分は死んだも同然だと考えたり、時間の経過とともに多くのものを失うことを恐れて時間を止めたいと願ったりします。勤勉さの拡散は、必要な活動への集中力を失い、周辺的な活動に自己破壊的に没入することです。エリクソンは例として読書過剰をあげていますが、現代の日本ではゲームや漫画の場合もあるでしょう。否定的アイデンティティの選択は、家族や社会から適切で望ましいものとして与えられた役割に反発し、その正反対のものを選択することです。たとえば、「自分らしさ」を発揮するために、周囲の誰もが思っていなかった、暴走族の仲間になる[4]ことなどがあります。他者との関係においては、相手との適切な親密さを保つことができないため、自分が尊敬する人物に自己放棄をして全人格を飲みこまれたいと願ったり、その逆に、ひとり瞑想の世界に引きこもったりします。本来親密な関係である友情や愛情も、しばしば相手の反応によって自分のアイデンティティを確認するための、ナルシシズム的な関係になりがちです。集団との関係では、派閥を形成し、そのメンバーに対して強い忠誠心を持ちます。その一方で、外見や行動や意見が異なる人々に対しては、不寛容で残酷な態度をとりがちです。

3　Erikson（1968）／岩瀬庸理（訳）（1973）

4　実際には、周囲への報復を示すための見せかけ的な役割演技であることも多いようです。

5　小此木啓吾（1978）

6　ニートの語は、英国における労働力人口の分類のカテゴリー "Not currently engaged in Employment, Education or Training" の略語NEETから来たもので、若年の無業者をさします。

モラトリアム人間

多くの人は青年期のモラトリアムの間にアイデンティティを達成し、職業を選択して自立した成人へと発達します。しかし中には、アイデンティティの達成を先送りしてモラトリアムの状態に長くとどまろうとする青年もいます。小此木[5]は、このような心理構造を持ち、いつまでも自分の多様な可能性を保持しようと願い、何事にも一時的、暫定的なかかわりしか持つことができない人を**モラトリアム人間**とよびました。社会から責任を猶予されているという意識が希薄で、モラトリアムを自分の権利のように考えます。

ニート[6]やフリーター[7]として分類される人の中には、モラトリアム人間が多く含まれていると考えられます。大学をきちんと卒業しても、就職したくないという理由で大学院に進学した人や、「本当に自分がすべき仕事は別にある」と考えて今の仕事に打ち込めない人も一種のモラトリアム人間と言えるでしょう。

アイデンティティ・ステータス

エリクソンは理論的な分析によってアイデンティティを達成と拡散の両極の中に位置づけましたが、マーシャ[8]は、大学生に「職業」「政治」「宗教」の領域に関する半構造化面接[9]を行い、アイデンティティの問題への対処の様式を、危機（自分にふさわしい職業、生き方について考え、迷い、試行錯誤すること）の有無と自己投入[10]（自分が決めた目標に向けて着々と準備をしていて、方向に揺るぎがない）という2つの具体的な基準によって、4つの類型に整理しました[11]。これは、**アイデンティティ・ステータス（自我同一性地位）**

7　アルバイトやパートとして雇用されている者をさします。

8　Marcia（1966）.

9　あらかじめ設定された質問項目に忠実に従う構造化面接と、回答に応じて自由に質問を変化させる非構造化面接の中間の方法です。あらかじめ質問の大枠だけを決めておき、細部は面接者の柔軟な対応に任されます。

10　原語はコミットメント（commitment）で、傾倒と訳されることもあります。

11　表26‐1参照。

12　無藤清子（1979）

13　Marcia（1976）.

●参考書

E・H・エリクソン／岩瀬庸理（訳）（1982）『アイデンティティ―青年と危機』金沢文庫

とよばれます（表26-1）。

アイデンティティ達成ステータスの人は、危機を経験した後に自分自身で見出した解決に基づいて自己投入しています。モラトリアム・ステータスの人は現在危機を経験している最中であり、自己投入する対象を見つけようと努力しているところです。早期完了ステータスの人は、過去に危機を経験していないにもかかわらず、自己投入の対象がすでに決められています。アイデンティティ拡散ステータスの人は、過去に危機を経験している場合もあれば、ない場合もあります。いずれにせよ、現在は自己投入の対象を持ちません。

このうち、危機を経験せずに表面的に問題を解決したように見える早期完了ステータスは、2次元の基準の採用によって新たに設けられた類型です。たとえば、幼児期からの自分のあり方に疑問を持ったり自分の将来の可能性について真剣に検討したりすることなく、親の目標と自分の目標が重なって、決められた道をそのまま歩んでいるような人がこれにあたります。

日本では無藤[12]が、マーシャの「宗教」の領域を「価値観」の領域に置き換えて同様の研究を行いましたが、日本の大学生の3分の1弱がこの早期完了に分類されました。

一方、マーシャ自身による6年後の追跡研究[13]では、半数近くのアイデンティティ・ステータスが変化していました。その変化は必ずしもアイデンティティ達成の方向に向かうものではなく、なかには、いったんアイデンティティ達成のステータスに達していながら他のステータスに移行した者もいました。このことは、アイデンティティが青年期に方向づけられるとしても、そのまま完成に至るわけではなく、その後の人生の中でもアイデンティティの危機が繰り返し現れ、解決が常に求められることを示しています。

表26-1　アイデンティティ・ステータス

ステータス	アイデンティティ達成	モラトリアム	早期完了	アイデンティティ拡散
危機	経験した	その最中	経験していない	—
自己投入	している	しようとしている	している	していない

パート・4

成人期から老年期へ

27 ペアレントフッド

親になること

エリクソンによれば、成人中期の課題は次の世代を育てることです[1]。家庭で自分自身の子どもを育てることは、その中核をなします。世の中には、ヒトには出産・育児の本能が備わっているという考えが流布していますが、先進工業諸国では、子どもを産み育てることに価値を見出さない人が増加しています。子どもを望んでいなくても、いったん生まれてくれば自分の子どもは愛おしくなるという通念を否定する研究結果もあります。ヒトの場合、子どもを持ちたいという傾向は単純な本能のようなものではなく、さまざまな環境条件の影響を受けて複雑な形で発現するようです。

母性神話

女性には子どもを産み育てる母親としての性質が生まれつき備わっているという考えを**母性神話**とよびます。この母性神話から、育児は父親ではなく母親がもっぱら担当するべきであるという考えが派生し[2]、子どもの発達にもっとも望ましいのは、子どもを施設に預けず、母親自身が子どもの世話をすることだという主張が導き出されます。後者は、「3歳までは母親が育児に専念しなければ子どもに悪影響が及ぶ」と言う**三歳児神話**の形をとることがあります。母性神話せよ三歳児神話にせよ、神話とよばれるのは、それが必ずしも合理的根拠を持たない社会通念だからです。

1　「4　発達段階」参照。

2　父親による子育てについては、「5　ひとり親家庭」参照。

子どもを持つことの価値

かつての日本では、結婚の目的は子どもを作ることであり、子どもが生まれないことは、それだけで十分な離婚の理由になりました。家系を重視する社会では子どもが多いほど断絶する危険は少なくなりますし、社会保障制度が整っていない時代には子どもが多ければ親自身の老後の生活の保証にもなりました。しかしながら、今日では、子どもを作るために結婚するという人は、むしろ稀でしょう。子どもを持つことが自分にとって重要だと考えている人も、結婚したら必ず子どもを持つべきだと考えている人も、それほど多くはありません。

ギャラップ社が１９９７年に世界16カ国で18歳以上の男女を対象に行った「家族の価値についての世界的調査」[3]によれば、「自分自身について考えたとき、人生のどこかで充実感を得るために子どもを持つことが必要と思うかどうか」という質問に「はい」と答えた人の比率は、国によって大きく異なります。ハンガリーやインドでは9割以上でしたが、米国やドイツでは半数にも満たなかったのです（表27-1）。

日本は１９９７年のギャラップ調査の対象に含まれていませんが、内閣府が成人を対象に行っている調査に類似の質問項目が含まれています。２００７年の調査結果では「結婚しても必ずしも子どもを持つ必要はない」という意見に「賛成」の割合が36・8％、「反対」の割合が59・4％でした。男性より女性に「賛成」が多く、年齢別では年齢が低い世代ほど「賛成」の比率が高くなっています。そのため、20代の女性では「賛成」が66・7％に達します[4]。

表27-1 「充実感を得るために子どもが必要か」
（International Gallup Poll, 1997）

	はい	いいえ		はい	いいえ
ハンガリー	94%	6%	フランス	73%	26%
インド	93%	6%	コロンビア	72%	26%
台湾	87%	3%	メキシコ	61%	38%
アイスランド	85%	13%	スペイン	60%	35%
タイ	85%	13%	カナダ	59%	37%
リトアニア	82%	10%	イギリス	57%	41%
シンガポール	81%	7%	ドイツ	49%	45%
グアテマラ	74%	23%	米国	46%	51%

3 International Gallup Poll（1997）.

4 内閣府（２００７）

プラハ研究

社会主義体制下のチェコスロバキア[5]では、妊娠中絶には委員会に申請して許可を得る必要がありました。プラハの精神医学研究所は、１９６１年から１９６３年までに、母親が中絶を申請しても認められず、上告しても再度却下された末に生まれた子どもたち２２０人を追跡調査しました。その一人ひとりの子どもと、性別、年齢、出生順位、きょうだい数、婚姻関係の有無、夫との同居の有無、母親の年齢、家族数、社会経済的地位など、子どもの発達に影響する可能性がある要因に関して同じ条件の子どもが、比較対照のために同数選ばれました。両群の違いは、妊娠が望まれていたか望まれていなかったかという点だけです。

9歳の時点ですでに、いくつかの違いが見られました。望まれない妊娠群の子どもたちは罹病率や入院率が高く、学校の成績がやや低く、仲間集団との交流が乏しくなっていました。さらに、14歳までに精神医学センターや教育相談センターなどに相談する率が高かったのです。そのような差異は35歳まで続き、望まれない妊娠群は精神病で入院する率が高くなっていました。きょうだい関係に関して分析すると、望まれない妊娠で生まれた子どもが一人っ子のとき、問題は特に大きくなるようでした。きょうだいがいる場合には、そのきょうだいと比べても、望まれない妊娠で生まれた子どもが精神病にかかる率は高かったのです[6]。

このプラハ研究は、望まれない妊娠で生まれた子どもが、生まれた後に必ず親の態度の変化を引き起こすとは限らないことを示しています。

ヒトの親の特殊性

動物の世界では、いったん生まれた自分の子どもを親が直接殺すことはありません[7]。

5　現在はチェコ共和国とスロバキア共和国に分かれています。プラハはかつてのチェコスロバキアの首都であり、現在はチェコ共和国の首都です。

6　David（2006）.

7　人工的な飼育環境に置かれた場合には、養育拒否や子殺しが起きることがあります。

しかし、ヒトの嬰児殺しは伝統社会に一般的に見られる現象で、殺人罪に問われるようになった近代社会でも少数ながら起きています。

嬰児殺しを引き起こす要因としては、父親が不明であるなど父親の養育援助にかかわる要因、病弱などの子どもの生存確率に関する要因、双生児出産や間隔の短い出産、経済的困窮などの母親の育児負担に関する要因があります。ヒトの子育ては負担が大きいため、子どもが無事育つ確率が低いと考えた母親が、嬰児を犠牲にして次の繁殖機会に期待をした結果だと解釈されます[8]。嬰児殺しという行為はヒトに固有かもしれませんが、繁殖年齢まで成長できる自分の子どもの数を最大にするという、動物と共通の原理によってそれを説明することが可能です。

物質的余裕があるにもかかわらず子どもの数を意図的に抑制する傾向も、ヒト以外の動物には見られないものです。

伝統社会では富の蓄積が多い男性ほど多くの子どもを持つ傾向がありました。経済的に豊かであれば、たくさんの子どもをもうけても、その子どもたちを確実に育てることができるからです。しかし、工業化社会では、経済的豊かさと子どもの数とが比例しません。19世紀後半から20世紀にかけて、ヨーロッパ諸国は経済的に豊かになったにもかかわらず、出生率は大きく減少しました。なかには30年足らずの間に出生率が半減した国もあります。遅れて経済発展を遂げた国では、出生率の急減が20世紀に入ってから起きています。階層別の分析で明らかになったのは、経済的に豊かな階層で出生率の減少が早く始まり、その変化も顕著なことでした[9]。最近の日本の調査を見ても、世帯所得と子どもの数に相関関係が見られないことは明らかです[10]。

---

8 長谷川眞理子・長谷川寿一（2007）

9 Borgerhoff Mulder（1998）.

10 内閣府（2005）

●参考書
柏木惠子（2003）『家族心理学——社会変動・発達・ジェンダーの視点』東京大学出版会

28　中年の危機

歳をとること

成人中期になると、体力の衰えを明確に自覚するようになります。近くの文字が読みにくくなり、徹夜で仕事をすることはもう無理だとあきらめます。無限の可能性を信じていた青年期は遠い昔のことになり、どんなに頑張ってもこの程度だろうという仕事の面の限界も見え始めます。残された時間が有限であることを意識すると、自分の人生はこれで良かったのだろうかと疑問を持つこともあるでしょう。

人生の転換点

ユングは人の一生を毎日の太陽の運行にたとえました。午前中の太陽は天高く上るにつれて広い範囲を照らします。上昇し拡大していく自分に誇りを感じます。しかし、頂点を極めたのちは下降するしかありません。毎日昇る太陽と違って、一回限りの人生を生きている個人は自分の南中点の予測ができないため、転換は突然やってきます。しかし、自分が人生の午後に入ったことに気づいたならば、午前中の価値と理想を変えなければなりません。世界に惜しみなく降り注いだ光を、今度は自分自身を照らすために回収しなければなりません。過去を懐かしんだり青年期の生き方に固執したりするのではなく、人生後半の現実から目をそらさずに、これまでの人生で社会的地位や人づきあいや家族のために捨て去ってきた自分の一面を真剣に考察することが必要になります[1]。

1　Jung（1946）／鎌田輝男（訳）（1979）

中年の危機

エリオット・ジャック[2]はさまざまな芸術家の経歴を調べて、35歳くらいのときに作風が劇的に変化したり、創作のペースが落ちたりする時期があることを発見して、これを**中年の危機**とよびました。

バッハは早くからオルガン奏者として名声を博し、オルガン曲を中心に作曲もしていましたが、38歳でライプチヒの音楽監督になる前後からさまざまなジャンルの作品を発表するようになります。

ロッシーニは、37歳で彼の最後のオペラ作品『ウィリアム・テル』を発表し、40歳以降はほとんど作曲をせずに年金生活を送りました。

ゴーギャンは33歳で金融会社の職を辞し、39歳で画家としてのキャリアを確立しました。

ゲーテは37歳から39歳にかけてイタリアに滞在しましたが、その前後で作風が大きく変化しています。彼自身、その期間を自分の人生のクライマックスだったと述べています。

ミケランジェロは、40歳までにダビデ像やシスティーナ礼拝堂天井画などの傑作を次々と生み出しましたが、その後55歳までは有名な作品がほとんど見当たりません。

シェイクスピアは、初期には中世イングランドを舞台にした史劇や軽快な喜劇を多く書いていましたが、35歳から40歳にかけて『ジュリアス・シーザー』のようなローマ劇や『ハムレット』のような重厚な悲劇を次々と発表しました。

ジャックは、このような中年の危機の原因は、死というものを、一般的な概念としての死や自分が立ち会った他者の死としてではなく、自分自身についての避けられない現実として

---

2 Jaques (1965).

意識することにあると考えました。

レヴィンソンのライフサイクル

レヴィンソン[3]は、工場労働者、会社の管理職、生物学者、小説家という職業領域の異なる35歳から45歳の男性10人ずつ、計40人に詳細な面接調査を行った結果、成人期は5年から7年の範囲で区切ることができると考えました。それぞれの年齢に特有の生活環境、たとえば職場での地位や子どもの成長、自分自身の健康状態などに適応した構造が存在する時期と、その間にある、新しい生活構造に転換するための移行期間です。移行期間は不安定で危機的な時期でもあります。

成人期の移行期間はいくつかありますが、成人前期への移行期間、人生半ばの移行期間、成人後期への移行期間の3つが大きなものです。レヴィンソンは特に、40歳から45歳の間にある人生半ばの移行期間が重要だと考えました。この期間に、人は自分の人生を振り返り、それまでにしてきたことを再評価し、これからの自分にできることとできないことがあるのを認め、後半の人生を選ばなければなりません。レヴィンソンは、80%の男性がこの時期に危機を経験すると述べています。

中年の危機は誰にでもあるのか?

「中年の危機」は小説や映画のテーマとして頻繁に取り上げられ、多くの人がその言葉を知るようになりましたが、中年の危機の存在を示す結果はもっぱら事例研究によってもたらされたものです。

3　Levinson（1978）／南博（訳）（1980）

多数の被験者を対象にして行われた量的な研究は、危機が特定の年齢範囲内で誰にでも訪れるものではないことを示しています[4]。パーソナリティのタイプや離婚や失業などのライフイベントを体験するかどうかによっても危機のありようは違いますし、30歳以前や50代以降にも類似の危機が訪れる可能性はあるのです。

空の巣症候群

中年の危機がもっぱら仕事との関連で取り上げられ、男性が研究対象とされることが多かったのに対して、女性の場合には、危機は子育てとの関連で注目されています。母親が40代から50代になるころ、それまで一緒に暮らしていた子どもたちが進学や就職などのために家を出ます。このとき起きる抑うつ状態を、ヒナが成長して巣立った後の空の巣に残された親鳥にたとえて、**空の巣症候群**とよびます[5]。一時的に空虚感に襲われたり涙もろくなったりするのは誰にでも起こりうる現象ですが、ずっと泣き続けたり、悲しみのあまり誰にも会いたくなくなったりする症状を示すこともあります。

子どもの世話をする母親としての役割を失った後で、他の役割を見出せないことが原因と考えられますが、この年齢の女性には、子どもの独立だけでなく、閉経、老齢の両親の世話など身体的、精神的ストレスが重なることも影響しています。

平均寿命が短く、結婚や出産が比較的早かった時代の平均的な家庭では、女性が更年期を迎えるまでに親はすでに他界し、子どもたちは成人していたでしょう。そのことを考えると、空の巣症候群は、現代社会特有の状況によってもたらされる問題と言うこともできます[6]。

---

4 Lachman (2004).

5 Deykin et al. (1966).

6 後山尚久（２００２）

●参考書
J・ホリス／藤南佳代・大野龍一（訳）（２００８）『ミドル・パッセージ——生きる意味の再発見』コスモスライブラリー

29 サクセスフル・エイジングと老年的超越

老年期の幸福

成人期の最後の段階である成人後期（65歳以降）は、**老年期**ともよばれます。医学の進歩によって平均寿命は大きく延び、老年期の人口は増え続けています。「老人」という言葉は、身体的に衰えた社会的弱者、交流する人のない孤独な存在、あるいは社会的資源を消費するだけの存在という否定的なイメージを連想させますが、医学の進歩は平均寿命を延ばしただけでなく、健康で活動的な高齢者の数も増加させたのです。百寿者さえも稀でなくなった現代において、30年以上にわたる年齢範囲を1つにくくるのは不適切です。そこで、成人後期（老年期）を、75歳までの前期高齢期（young-old）、85歳までの後期高齢期（old-old）、それ以降の超高齢期（oldest-old）の3つに分けるようになりました。

サクセスフル・エイジング

平均寿命が短い時代[1]には、長生きは幸運な一部の人たちのものでした。還暦、古稀、喜寿と、周囲の人々は長寿をお祝いして、自分もあやかりたいと願いました。しかし長生きが一般化した現在、単に長生きするだけでは幸運と言えなくなりました。現代では、加齢に適応して幸福な老年期を送る**サクセスフル・エイジング**が求められています。

サクセスフル・エイジングの指標としては、長生きをすること、健康で心身の機能の障害がないこと、生活に満足し幸福感を持っていることがあげられます[2]。さらに、ボランテ

1　厚生労働省の資料によれば、1947年（昭和22年）の平均寿命は男性50・06歳、女性53・96歳です。厚生労働省大臣官房統計情報部（2009）

2　Palmore（1979）

ィア活動や家庭内の無償労働も含めて、生産性を持つことをあげる研究者[3]もいます。生活満足度あるいは主観的幸福感[4]は本人の受け止め方によって変わる主観的な指標ですが、いくつかの客観的な要因の影響を受けることがわかっています[5]。多くの研究が、健康で身体機能が高いほど高齢者の主観的幸福感が高くなることを示しています。経済的な安定、友人や隣人との交流、余暇活動なども主観的幸福感の要因としてあげられます。

超高齢期

85歳以上の超高齢者の多くは、病気や障害を重複して抱え、もはやサクセスフル・エイジングを目指すことは難しくなり、しばしば人間としての尊厳を保つことさえ困難です[6]。しかし、超高齢者が皆、病気や障害によって不幸になっているかと言えば、決してそうではありません。それ以前の段階と違って、超高齢期では身体機能の低下と主観的幸福感の低下とが相関しないのです[7]。身体機能の低下は一時的に絶望を引き起こしますが、それを超越することで主観的幸福感が向上するのだと考えられています。

老年的超越

エリクソンは、基本的な信頼を形成する乳児の段階から絶望を乗り越えて自我を統合する高齢者の段階まで、人生を8つの段階[8]に分けましたが、自分自身が超高齢期を迎えて、さらなる段階を設定する必要を感じていました。エリクソンが92歳で亡くなった後、夫人が3つの章を書き加えて出版した改訂版[9]では、**老年的超越**へと向かう第9段階が加えられています。

---

3 Butler & Gleason（1985）／岡本祐三（訳）（1998）

4 「生活満足度」は生活に対する認知的な評価です。「主観的幸福感」は、これに加えて肯定的感情を多く持っているかどうかが含まれます。Arthaud-Day et al.（2005）.

5 George（1990）.

6 Baltes & Smith（2003）.

7 権藤恭之ほか（2005）

8 「4　発達段階」参照。

9 Erikson（1997）／村瀬孝雄・近藤邦夫（訳）（2001）

老年的超越はスウェーデンの学者トーンスタムの造語[10]です。トーンスタム[11]によれば、老年的超越には、宇宙的意識、自己意識、社会との関係の3つの次元があります。宇宙的意識は、時間と場所の境界を超越して、過去の出来事を最近のように感じたり、離れている人をすぐそばに感じられたりすることを含みます。世代間の境界も超越して、亡くなった両親への愛情が増す一方で、新しい世代への親近感も増します。生と死の境界も明確なものではなくなります。自己意識に関しては、悪いところも含めて自分のすべてを受け入れられるようになり、利己主義から利他主義への移行が起きて、物に対する執着心が薄れます。社会との関係では、表面的な人づきあいに関心がなくなり、瞑想の時間が増えて、内面的世界に幸福を感じるようになります。

老年的超越は、若年者からは精神的混乱や引きこもりのように見えるかもしれませんが、加齢に適応した自然な発達の過程なのです。

コントロール方略の生涯発達

コントロールとは、環境との関係において、自分が望む結果を作り出すことです。**コントロール方略**には、外界に働きかけることで自分の望む結果をもたらす一次的なコントロールと、自分の考え方や受け止め方を変える二次的コントロールがあります[12]。

一次的コントロールの能力は、幼児期から増加を続け、心理的経済的自立を達成する成人前期にピークに達すると考えられます。しかし、老年期に入って主要な社会的役割を離れ、身体機能が低下してくると、多くの状況で一次的コントロールをとることが難しくなります[13]。

10　老年的超越 gerotranscendence は、老齢を意味する geronto と超越を意味する transcendence を合わせて造られました。

11　Tornstam（1994）.

12　Rothbaum, Weisz, & Snyder（1982）.

13　Heckhausen & Schulz（1995）. なお、ヘックハウゼンは、選択した目標の方向に向けられたものかどうかという基準によってコントロールをさらに選択的と補償的に分けています。本文中の「二次的コントロール」は、ヘックハウゼンの用語では補償的二次的コントロールに相当します。

サクセスフル・エイジングの考え方は、そのような老年期にあっても、一次的コントロールを維持しようと努力するものです。一方、老年的超越は、二次的コントロールを積極的に採用して主観的幸福感を高める方略と見ることができます。高齢者に面接を行ってコントロール方略と健康状態との関連を調べた研究[14]によれば、80歳未満の高齢者の間では一次的コントロールの採用が健康を促進していましたが、80歳以上の高齢者では一次的コントロールの方略は健康にむしろ有害に働いていました。

どのようなコントロール方略をとるかに関しては、年齢差とは別に文化差があります[15]。米国では一次的コントロールが望ましいものとされ、一次的コントロールを放棄することは心理的に問題があるとされます。加齢とともに二次的コントロールが多くなるとしても、それは心身の機能の低下によって一次的コントロールが選べないことによる、やむを得ない処置です。一方、日本や東アジア諸国では一次的コントロールを優先するべきだと考える傾向がなく、望ましい結果が得られるのならばどちらのコントロールでもかまわないと考えます。たとえば、癌が見つかったとき、手術などの積極的な治療を行って根治を目指さなくても、癌とうまく付き合って「一病息災」の暮らしをすることもできると考えます。

二次的コントロールの採用に抵抗のない文化では、超高齢期までの加齢に対する適応が容易です。加齢はそもそも一次的なコントロールが不可能な生理的な過程です。身体的トレーニングや顔の皺を伸ばす手術をしたとしても、加齢そのものを押しとどめることはできません。加齢を季節の移り変わりのような自然の過程と考えることができれば、生活の質はむしろ高まります[16]。

14　Chipperfield, Perry, & Menec (1999).

15　「6　育児文化」参照。

16　山口勧（2003）

●参考書
小田利勝（2004）『サクセスフル・エイジングの研究』学文社
E・H・エリクソン＆J・M・エリクソン／村瀬孝雄・近藤邦夫（訳）（2001）『ライフサイクル、その完結〈増補版〉』みすず書房

30　老人力

老いてこその優位性

近年、健康で活動的な高齢者が増加しています。超高齢期を迎え、身体的機能が低下しても、幸福な毎日を送っている人々もいます。しかし、老年期は、努力によって老化を遅らせ、あるいは「老い」の現実を受け止めることだけによって充実するわけではありません。発達段階全体を見渡したとき、老年期を迎えたからこそ可能になることもあります。研究や制作などの創造的生活を続けてきた人々は、その「総まとめ」を老年期に行うことができます。死が身近に迫っているという認識は、新たな芸術的創造を動機づけることもあります。多くの社会において、長く生きた人々は、その経験と人間関係の調整能力が評価されます。

老年期の創造性

加齢によって認知機能が衰えるため、高齢者には創造的な仕事は期待できないと思われがちです。しかし、老年期に創造的業績が多く見られないのは、かつては、多くの才能ある人々が若くして亡くなったため、「初期の」作品しか残せなかったからかもしれません。

80歳以上まで生きて、長い間創造的活動を続けた人々の業績を量的に分析した研究[1]によれば、老年期の業績が他の時期に比べて特に少なくなることはありませんでした。芸術の領域では30代から40代がもっとも生産的でしたが、自然科学の領域では40代から60代でした。人文系の学問の場合には、20代、30代よりも、むしろ60代、70代のほうが生産的になること

1　Dennis (1966).

が明らかになりました。

老年期に入ると作品数が相対的に少なくなる芸術の領域でも、質的には若いときと同等の優れた作品を生み出す人は少なくありません[2]。

老年期の業績の特色

老年期における学問的業績には、教科書的な著作や若い人々のための入門書を含めて、自分の経験や研究成果を統合したものが多くあります。

一方で、若いころの研究とはまったく別の方法を取り入れ、自分の研究全体のバランスをとるような業績もあります。実験心理学の祖として知られるヴィルヘルム・ヴントは、個人の精神の内面を見つめる内観法によって感覚や感情などの意識を分析し、心理学を実証的な科学として確立しましたが、晩年は個人の外側にある歴史的文化的な側面から分析するという方法を取り入れ、68歳のときから20年かけて大著『民族心理学』[3]を完成しました。

神経伝導に関する重要な発見によってノーベル生理学・医学賞を受賞したジョン・エックルスは、74歳のときに哲学者のカール・ポパーとともに書いた『自我と脳』[4]の中で、物質に還元して説明することができない精神世界の存在を主張し、世界的な反響をよびました。その後も91歳の『自己はどのように脳をコントロールするか』[5]まで、脳と心の問題に関する哲学的な著書を発表し続けました。

老年期そのものを研究対象にするケースもあります。前項のエリクソンもそのひとりですが、アメリカ心理学会の初代会長で『青年期』[6]の著書によって青年心理学の父とよばれるスタンレー・ホールは、78歳のときに『老年期』[7]を出版しました。そこでは、青年期

---

2 ドイツの文豪ゲーテ、フランスの画家モネ、イタリアの作曲家ヴェルディ、江戸時代の浮世絵師葛飾北斎は、80代になってから自身の代表作を残しています。チェコの作曲家ヤナーチェクのように、むしろ65歳以降に代表作を次々と発表したケースもあります。

3 今日「社会心理学」とよばれる領域に相当します。

4 Popper & Eccles（1977）／西脇与作（訳）（1986）

5 Eccles（1994）／大野忠雄・斎藤基一郎（訳）（1998）

6 Hall（1904）.

7 Hall（1922）.

の研究では不可能だった、研究そのものと自分自身がまさに生きている現実との相互作用が可能になっています。

谷崎潤一郎の『瘋癲老人日記』や吉本隆明の『老いの流儀』のように、文学や文芸評論の分野においても、高齢の著者による老年期の問題をテーマにした作品は多くあります。

死が身近に感じられる年齢に優れた業績が生み出されることを**白鳥の歌現象**[8]とよびますが、サイモントン[9]は、クラシック音楽の作曲家１７２人の作品１９１９点を量的に分析して「白鳥の歌」の特徴を明らかにしました。晩年の作品は、旋律の独創性や作品の長さは減じられるものの、より美的感覚に訴え、演奏曲目として人気のあるものになっていました。

シニオリティ

先輩の後輩に対する優位は日本的な習慣のように思われますが、年功序列の考え方は欧米を含む多くの社会に浸透しています。

米国というと、誰にでも平等にチャンスが与えられている国というイメージがあります。たしかに、40代の大統領が選挙で選ばれることは珍しくありません。しかし、連邦議会には、**シニオリティ**とよばれる在職年数の長さのルールが厳然と存在します。勤続年数によって所属委員会とオフィススペースの割り当てが決まります[10]。勤続年数が長くなるにつれて政治的な影響力が強くなり、多数党の中でもっとも勤続年数が長い議員が委員会委員長を務め、その後に議会議長への道が開かれます。その結果、連邦議会の上院と下院の議長は、多くの場合高齢者になります。

8　プラトン著『パイロン』の中の記述に由来します。白鳥は、死を予感すると、最後に力強く美しく歌うと言われます。

9　Simonton (1989).

10　山内和夫（１９８９）

勤続年数がリーダーの選任に影響するのは、米国の司法機関や軍隊などの組織においても同じことです。米国だけではなく、ヨーロッパ諸国の大統領や首相、そしてローマ教皇などの宗教的指導者も、やはり高齢者が優位を占めています[11]。

高齢者の優位

当然のことながら、シニオリティは若い世代からの批判にさらされてきました。それでもなお、このシステムが存続しているのは、そこに何らかの合理性があるからでしょう。

正確な知覚的判断や迅速な情報処理に必要とされる流動性知能は20歳代にピークを迎えるとされていますが、学習や経験によって獲得した知識や判断力である結晶性知能は30歳以降も伸ばすことが可能です。高齢になっても、アシスタントやコンピュータに仕事をうまく任せることができれば、長い間に蓄えた結晶性知能は大いに生きるでしょう。

年齢を重ねるほど人間関係の調整もうまくなります。成人前期から老年期までの幅広い年齢層の被験者を対象に、人間関係に緊張が起きたときの対処について尋ねたところ、年齢が高くなるほど緊張の経験が少なくなり、緊張が起きたとしてもストレスを感じることや言い争いをすることが少なくなっていました[12]。

否定的な感情のコントロールもうまくなります。健康な高齢者は、良い気持ちにさせる写真や中立的な写真に対する評定に関しては若い人と変わりがないのですが、嫌な気持ちにさせる写真を見たときの否定的な感情の評定は低くなっていました。この現象は、高齢者がうまく感情を抑制できると同時に、そもそも否定的な刺激に注意を向けないでいることができるためだと考えられています[13]。

11　Achenbaum（1993）.

12　Birditt et al.（2005）.

13　St. Jacques, Dolcos, & Cabeza（2010）.

●参考書
K・W・シャイエ&S・L・ウィリス／岡林秀樹（訳）（2004）『成人発達とエイジング』ブレーン出版〈原著第5版の訳〉

Ｍ・トンプソン、Ｌ・Ｊ・コーエン ＆ Ｃ・Ｏ・グレース／坂崎浩久（訳）（2003）『子ども社会の心理学』創元社

長谷川寿一・長谷川眞理子（2000）『進化と人間行動』東京大学出版会

Ｊ・ピアジェ ／ 中垣啓（訳）（2007）『ピアジェに学ぶ認知発達の科学』 北大路書房

開 一夫（2006）『日曜ピアジェ ── 赤ちゃん学のすすめ』岩波書店

Ｓ・Ｈ・フォスター＝コーエン／今井邦彦（訳）（2001）『子供は言語をどう獲得するのか』岩波書店

Ｊ・ホリス／藤南佳代・大野龍一（訳）（2008）『ミドル・パッセージ ── 生きる意味の再発見』コスモスライブラリー

山内兄人（2008）『性差の人間科学』コロナ社

山口勧（編）（2003）『社会心理 ── アジアからのアプローチ』東京大学出版会

Ａ・ルリヤ／天野清（訳）（1982）『言語と意識』金子書房

参 考 書

青野篤子・土肥伊都子・森永康子（2004）『ジェンダーの心理学 ―― 「男女の思いこみ」を科学する』（改訂版）ミネルヴァ書房

東洋（1994）『日本人のしつけと教育』東京大学出版会

安藤寿康（2000）『心はどのように遺伝するか』講談社

今井むつみ・針生悦子（2007）『レキシコンの構築 ―― 子どもはどのように語と概念を学んでいくのか』岩波書店

岩立志津夫・小椋たみ子（編）（2005）『よくわかる言語発達』ミネルヴァ書房

梅本堯夫（監修）／落合正行・土居道栄（編）（2002）『認知発達心理学 ―― 表象と知識の起源と発達』培風館

R・I・エヴァンズ／岡堂哲雄・中園正身（訳）（1981）『エリクソンは語る ―― アイデンティティの心理学』新曜社

E・H・エリクソン ／ 岩瀬庸理（訳）（1982）『アイデンティティ ―― 青年と危機』金沢文庫

E・H・エリクソン & J・M・エリクソン／村瀬孝雄・近藤邦夫（訳）（2001）『ライフサイクル、その完結〈増補版〉』みすず書房

小田利勝（2004）『サクセスフル・エイジングの研究』学文社

柏木惠子（1988）『幼児期における「自己」の発達』東京大学出版会

柏木惠子（2003）『家族心理学 ―― 社会変動・発達・ジェンダーの視点』東京大学出版会

数井みゆき・遠藤利彦（編著）（2005）『アタッチメント ―― 生涯にわたる絆』ミネルヴァ書房

片瀬一男・高橋征仁・菅原真枝 （2002）『道徳意識の社会心理学（ニューセンチュリー社会心理学４）』北樹出版

J・P・キーナン、D・フォーク、G・G・ギャラップ・Jr／ 山下 篤子（訳）（2006）『うぬぼれる脳―「鏡のなかの顔」と自己意識』NHK ブックス

柴田義松（2006）『ヴィゴツキー入門』子どもの未来社

下條信輔（2006）『まなざしの誕生 ―― 赤ちゃん学革命　新装版』新曜社

K・W・シャイエ & S・L・ウィリス／岡林秀樹（訳）（2004）『成人発達とエイジング』ブレーン出版〈原著第５版の訳〉

H・R・シャファー／無藤隆・佐藤恵理子（訳）（2001）『子どもの養育に心理学がいえること ―― 発達と家族環境』新曜社

詫摩武俊・天羽幸子・安藤寿康（2000）『ふたごの研究 ―― これまでとこれから』ブレーン出版

R・M・トーマス／小川捷之・林洋一・新倉涼子・岡本浩一（訳）（1985）『ラーニングガイド　児童発達の理論』 新曜社

依田明・深津千賀子（1963）「出生順位と性格」『教育心理学研究』*11*, 239-246.

Zelazo, P. R., Zelazo, N. A. & Kolb, S.（1972）"Walking" in the newborn. *Science, 176*, 314-315.

後山尚久（2002）「成長した子供と母親との関係が女性の心身に与える影響 ―― 空の巣症候群」『日本女性心身医学会雑誌』*7*, 192-197.

Virpillot, E.（1968）The development of scanning strategies and their relation to visual differentiation. *Journal of Experimental Child Psychology, 6*, 632-650.

Volling, B.L. & Belsky, J.（1992）The contribution of mother-child and father-child relationships to the quality of sibling interaction: A longitudinal study. *Child Development, 63*, 1209-1222.

Vygotsky, L.（1934）／柴田義松（訳）（2001）『新訳版・思考と言語』新読書社

Wallerstein, J. S., Lewis, J. M. & Blakeslee, S.（2000）*The unexpected legacy of divorce: A twenty-five-year landmark study*. NY: Hyperion.（早野依子（訳）（2001）『それでも僕らは生きていく ―― 離婚・親の愛を失った２５年間の軌跡』PHP 研究所）

Wallerstein, J., Corbin, S. B., & Lewis, J. M.（1988）Children of divorce: A ten-year study. In E. M. Heatherington & J. Arasteh（Eds.）, *Impact of divorce, single-parenting, and stepparenting on children*, Hillsdale, NJ: Earlbaum.

Watson, D. J.（1989）Defining and describing whole language. *Elementary School Journal, 90*, 129-41.

Watson, J. B. & Rayner, R.（1920）Conditioned emotional reactions. *Journal of Experimental Psychology, 3*, 1-14.

Watson, J. B.（1930）*Behaviorism*（Revised Ed.）. Norton & Co.

Werker, J. & Polka, L.（1993）Developmental changes in speech perception: New challenges and new directions. *Journal of Phonetics, 21*, 83-101.

White, R. W.（1959）Motivation reconsidered: The concept of competence. *Psychological Review, 66*, 297-333.

Wilson, R. S.（1983）The Louisville Twin Study: Developmental synchronies in behavior. *Child Development, 54*, 298-316.

Xu, F. & Carey, S.（1996）Infants' metaphysics: The case of numerical identity. *Cognitive Psychology, 30*, 111-153.

山形恭子（2000）『初期描画発達における表象活動の研究』風間書房

山岸明子（1985）「日本における道徳判断の発達」永野重史（編）『道徳性の発達と教育 ―― コールバーグ理論の展開』第 6 章, 新曜社

Yamaguchi, S.（2001）Culture and control orientations. In D. Matsumoto（Ed.）, *Handbook of culture and psychology*（pp.223-243）, New York: Oxford University Press.

山口勧（2003）「文化とコントロール志向」山口勧（編著）『社会心理学　アジアからのアプローチ』pp.115-130, 東京大学出版会

山内和夫（1989）「合衆国連邦議会における規範の研究 ―― シニオリティ」『東海大學紀要　政治経済学部』*21*, 59-69.

依田明（1983）「出生順位と性格」永野重史・依田明（編）『発達心理学への招待 1』pp.107-120, 新曜社

Skodak, M. & Skeels, H. M.（1949）A final follow-up study of one hundred adopted children. *Journal of Genetic Psychology, 75*, 85-125.

Smith, J. D.（1985）*Minds made feeble: The myth and legacy of the kallikaks*. Rockville, MD: Aspen.

Sokolov, J. L.（1993）A local contingency analysis of the fine-tuning hypothesis. *Developmental Psychology, 29*, 1008-1023.

Spelke, E. S.（1979）Exploring audible and visible events in infancy. In A. D. Pick（Ed.), *Perception and its development: A tribute to Eleanor J. Gibson*. Lawrence Erlbaum.

Spencer, H.（1855）*The principles of psychology*. London: Longman.

St. Jacques, P., Dolcos, F. & Cabeza, R.（2010）Effects of aging on functional connectivity of the amygdala during negative evaluation: A network analysis of fMRI data. *Neurobiology of Aging, 31*, 321-327.

Starkey, P., Spelke, E. S., & Gelman, R.（1983）Detection of intermodal numerical correspondences by human infants. *Science, 222*, 179-181.

Steiner, J. E.（1979）Human facial expressions in response to taste and smell stimulation. In H. W. Reese & L. P. Lipsitt（Eds.), *Advances in child development and behavior 257-295*, Academic Press.

Strommen, E. A.（1973）Verbal self-regulation in a children's game: Impulsive errors on "Simon says". *Child Development, 44*, 849-853.

Sullivan, H. S.（1953）*The interpersonal theory of psychiatry*. New York: Norton.（中井久夫・宮崎隆吉・高木敬三・鑪幹八郎（訳）（1990）『精神医学は対人関係論である』みすず書房）

Sulloway, F. J.（1996）*Born to rebel: Birth order, family dynamics, and creative lives*. New York: Pantheon.

棚瀬一代（2007）『離婚と子ども ―― 心理臨床家の視点から』創元社

Thomas, A., Chess, S. & Birch, H. G.（1970）The origin of personality. *Scientific American*, 102-109.

Tomasello, M., Striano, T. & Rochat, P.（1999）Do young children use objects as symbols? *British Journal of Developmental Psychology, 17*, 563-584.

Tornstam, L.（1994）Gerotranscendence: A theoretical and empirical exploration. In L. E. Thomas & S. A. Eisenhandler（Eds.), *Aging and the religious dimension*, Westport, CT: Auburn.

Trivers, R. L.（1971）The evolution of reciprocal altruism. *Quarterly Review of Biology, 46*, 35-57.

Trivers, R. L.（1974）Parent-offspring conflict. *American Zoologist, 14*, 249-264.

恒吉遼子・S. ブーコック（1997）『育児の国際比較 ―― 子どもと社会と親たち』NHK ブックス

U.S. Census Bureau（2006）Custodial Mothers and Fathers and Their Child Support:2003.

『思考の心理学』みすず書房）

Piaget, J.（1971）Piaget's theory. In D. H. Musser（Ed.）, *Carmichael's manual of child psychology*, 3rd ed., Vol.1, New York: Wiley.（中垣啓（訳）（2007）『ピアジェに学ぶ認知発達の科学』北大路書房）

Piaget, J. & Inhelder, B.（1948）*La représentation de l'espace chez l'enfant*. Presses Universitaires de France.

Piaget, J. & Inhelder, B.（1965）*Le développement des quantités chez l'enfant*.（滝沢武久・銀林浩（訳）（1965）『量の発達心理学』国土社）

Plomin, R, Owen, M. J. & McGuffin, P.（1994）The genetic basis of complex human behaviors. *Science, 264*, 1733-1739.

Popper, K. & Eccles, J.（1977）*The self and its brain*. Oxford: Springer-Verlag.（西脇与作（訳）（1986）『自我と脳』思索社）

Priel, B. & de Schonen, S.（1986）Self-recognition: A study of a population without mirrors. *Journal of Experimental Child Psychology, 41*, 237-250.

Purcell-Gates, V.（1996）Stories, coupons, and the TV Guide: Relationships between home literacy experiences and emergent literacy knowledge. *Reading Research Quarterly, 31*, 406-428.

Radin, N.（1994）Primary caregiving fathers in intact families. in A. E. Gottfried and A. W. Gottfried（Eds.）, *Redefining families*, New York: Plenum Press.

Rayner, K. & Pollatsek, A.（1989）*The psychology of reading*. NY: Prentice-Hall.

Resnick, S. M., Berenbaum, S. A., Gottesman, I. I. & Bouchard, T. J.（1986）Early hormonal influences on cognitive functioning in congenital adrenal hyperplasia. *Developmental Psychology, 22*, 191-198.

Rothbaum, F., Weisz, J. R. & Snyder, S. S.（1982）Changing the world and changing the self: A two-process model of perceived control. *Journal of Personality and Social Psychology, 42*, 5?37.

Salapatek, P.（1975）Pattern perception in early infancy. In L. Cohen & P. Salapatek（Eds.）, *Infant perception: From sensation to cognition*, Vol.1: *Basic visual processes*, pp.133-248, New York: Academic Press.

Saltz, E., Campbell, S., & Skotko, D.（1983）Verbal control of behavior: The effects of shouting. *Developmental Psychology, 19*, 461-464.

佐々木宏子（1983）「絵の理解と描画」三宅和夫・村井潤一・波多野誼余夫・高橋惠子（編）『波多野・依田 児童心理学ハンドブック』pp.453-472, 金子書房

下條信輔・ Held, R.（1983）「乳児の視力発達」『基礎心理学研究』*2*, 55-67.

篠田有子（2004）『家族の構造と心 ── 就寝形態論』世織書房

白佐俊憲（2004）『きょうだい関係とその関連領域の文献集成 2 （論述紹介編）』川島書店

Simonton, D. K.（1989）The swan-song phenomenon: last-works effects for 172 classical composers. *Psychology and Aging, 4*, 42-47.

Psychology, 33, 320-333.

村田孝次（1984）『日本の言語発達研究』培風館

無藤清子（1979）「『自我同一性地位面接』の検討と大学生の自我同一性」『教育心理学研究』*27*, 178-187.

内閣府（2005）「平成 17 年版国民生活白書　子育て世代の意識と生活」

内閣府（2007）『男女共同参画社会に関する調査』

Neisser, U., Boodoo, G., Bouchard, Jr., T.J., Boykin, A. W., Brody, N., Ceci, S. J., Halpern, D. F., Loehlin, J. C., Perloff, R., Sternberg, R. J. & Urbina, S.（1996）Intelligence: Knowns and unknowns. *American Psychologist, 51*, 77-101.

大渕憲一・小嶋かおり（1998）「対人葛藤の原因と対人関係 ── 比較文化的分析」『文化』*61*, 66-80.

小此木啓吾（1978）『モラトリアム人間の時代』中央公論新社

Palmore, E. B.（1979）Predictors of successful aging. *Gerontologist, 19*, 427-431.

Parten, M.（1932）Social participation among pre-school children. *Journal of Abnormaland Social Psychology, 27*, 243-269.

Passman, R. H.（1977）Providing attachment objects to facilitate learning and reduce distress: The effects of mothers and security blankets. *Developmental Psychology, 13*, 25-28.

Peller, L.（1954）Libidinal phases, ego development and play. *The Psychoanalytic Study of the Child, 9*, 178-198.

Phelan, P., Yu, H. C. & Davidson, A. L.（1994）Navigating the psychosocial pressures of adolescence: The voices and experiences of high school youth. *American Educational Research Association, 31*, 415-447.

Piaget, J.（1928）*The child' conception of the world*. London: Routledge and Kegan Paul.

Piaget, J.（1932）*Le jugement moral chez l'enfant*. Presses Universitaires De France.（大伴茂（訳）（1957）『児童道徳判断の発達』同文書院）

Piaget, J.（1936）／大伴茂（訳）（1954）『児童臨床心理学 I　児童の自己中心性』同文書院

Piaget, J.（1937）*La construction du reel chez l'enfant*. Paris: Delachaux et Niestle. M. Cook（trans.）（1954）*The construction of reality in the child*. London: Routledge and Kegan Paul.

Piaget, J.（1945）*La formation du symbole chez l'enfant: Imitation, jeu et rêve, image et représentation*. Paris: Delachaux et Niestlé.（大伴茂（訳）（1968）『模倣の心理学 ── 幼児心理学 1 』；（1967）『遊びの心理学 ── 幼児心理学 2 』；（1969）『 表象の心理学 ── 幼児心理学 3 』. 黎明書房

Piaget, J.（1953）*Logic and psychology*. Manchester: Manchester University Press.（芳賀純（訳）（1966）『論理学と心理学』評論社）

Piaget, J.（1964）*Six études de psychologie*. Paris: Gonthier.（滝沢武久（訳）（1968）

Mans, L., Cicchetti, D. & Sroufe, L. A.（1978）Mirror reactions of Down's syndrome infants and toddlers: Cognitive underpinnings of self-recognition. *Child Development, 49*, 1247-1250.

Marcia, J. E.（1966）Development and validation of ego identity status. *Journal of Personality and Social Psychology, 3*, 551-58.

Marcia, J. E.（1976）Identity six years after: A follow-up study. *Journal of Youth and Adolescence, 5*, 145-150.

Mathews, G. A., Fane, B. A., Conway, G.S., Brook, C. G. D. & Hines, M.（2009）Personality and congenital adrenal hyperplasia: Possible effects of prenatal androgen exposure. *Hormones and Behavior, 55*, 285-291.

Matthews, K. A., Batson, C. D., Horn, J., & Rosenman, R. H.（1981）Principles in his nature which interest him in the fortune of others: The heritability of empathic concern for others. *Journal of Personality, 49*, 237-247.

McClearn, G. E., Johansson, B., Berg, S., Pedersen, N. L., Ahern, F., Petrill, S. A. & Plomin, R.（1997）Substantial genetic influence on cognitive abilities in twins 80 or more years old. *Science, 276*, 1560-1563.

McFarlane, A. H., Bellissimo, A. & Norman, G. R.（1995）Family structure, family functioning and adolescent well-being: The transcendent influence of parental style. *Journal of Child Psychology and Psychiatry, 36*, 847-864.

Mead, M.（1935）*Sex and temperament in three primitive societies*. New York: Morrow.

Meltzoff, A. N.（1988）Infant imitation and memory: Nine-month-olds in immediate and deferred tests. *Child Development, 59*, 217-225.

Meltzoff, A. N.（1995）Understanding the intentions of others: Re-enactment of intended acts by 18-month-old children. *Developmental Psychology, 31*, 838-850.

Meltzoff, A. N. & Moore, M. K.（1983）Newborn infants imitate adult facial gestures. *Child Developmwent, 54*, 702-709.

Meltzoff, A. N. & Moore M. K.（2002）Imitation, memory, and the representation of persons. *Infant Behavior and Development, 25*, 39-61.

三木安正・天羽幸子（1954）「双生児にみられる兄弟的性格差異と家庭での取扱い方 ―― 双生児研究その二」『教育心理学研究』*2*, 141-149.

Miller, S. A., Shelton, J. & Flavell, J. H.（1970）A test of Luria's hypotheses concerning the development of verbal self- regulation. *Child Development, 41*, 651-665.

文部科学省（2008）『幼稚園教育要領』

Moriya, K.（1989）A developmental and cross-cultural study of the interpersonal cognition of English and Japanese children. *Japanese Psychological Research, 31*, 108-115.

Muir, D., Abraham, W., Forbes, B., & Harris, L.（1979）The ontogenesis of an auditory localization response from birth to four months of age. *Canadian Journal of*

金崎芙美子・斎藤法子・吉澤千夏・八谷美幸・宇賀神慶子・大瀧ミドリ（1998）「ロサンゼルスとの比較にみる日本の母親の養育態度」『国際幼児教育研究』*5*, 35-44.

勝井晃（1971）『方向の認知に関する発達的研究』風間書房

厚生労働省大臣官房統計情報部（2007）『第 20 回完全生命表』

小林さえ（1968）『ギャング・エイジ ── 秘密の社会をつくる年頃』誠信書房

Kohlberg, L.（1971）From is to ought : How to commit the naturalistic fallacy and get away with it in the study of moral development. In T. Mischel（Ed.）, *Cognitive development and epistemology*, New York: Academic Press.（永野重史（編）（1985）『道徳性の発達と教育 ── コールバーグ理論の展開』新曜社）

国立国語研究所（1972）『幼児の読み書き能力』東京書籍

厚生労働省（2006）「平成 19 年度版母子家庭の母の就業の支援に関する年次報告」

Lachman, M. E.（2004）Development in midlife. *Annual Review of Psychology, 55*, 305-331.

Lamb, M. E.（1976）Twelve-months-olds and their parents: Integration in a laboratory playroom. *Developmental Psychology, 12*, 237-244.

Laurendeau, M. & Pinard, A.（1962）*Causal thinking in the child: A genetic and experimantal approach*. New York, NY: International University Press.

Levine, L. V., Tuber, S. B., Slade, A. & Ward, M. J.（1991）Mothers' mental representations and their relationship to mother-infant attachment. *Bulletin of the Menninger Clinic, 55*, 454-469.

Levinson, D. J.（1978）*The seasons of a man's life*. New York: Ballantine Books.（南博（訳）（1980）『人生の四季 ── 中年をいかに生きるか』講談社）

Levitt, A. G. & Utman, J. G. A.（1992）From babbling towards the sound systems of English and French: A longitudinal two-case study. *Journal of Child Language, 19*, 19-49.

Lewis, C. C.（1984）Cooperation and control in Japanese nursery schools. *Comparative Education Review, 28*, 69-84.

Lewis, M., & Brooks-Gunn, J.（1979）*Social cognition and the acquisition of self*. New York: Plenum Press.

Liben, L. S.（1978）Perspective-taking skills in young children: Seeing the world through rose-colored glasses. *Developmental Psychology, 14*, 87-92.

Macfarlane, A.（1975）Olfaction in the development of social preferences in the human neonate. *Ciba Foundation Symposium, 33*, 103-117.

Main, M., Kaplan, N., & Cassidy, J.（1985）Security in infancy, childhood and adulthood: A move to the level of representation. *Monographs of the Society for Research in Child Development*, 50.

Main, M., & Solomon, J.（1986）Discovery of an insecure-disorganized/disoriented attachment pattern. In T. B. Brazelton & M. W. Yogman（Eds.）, *Affective development in infancy*, Norwood, NJ: Ablex Publishing.

Hall, G. S.（1922）*Senescence, the last half of life*. New York: Appleton.

Harlow, H. F.（1958）The nature of love. *American Psychologist, 13*, 673-685.

Harlow, H. F., & Mears, C.（1979）*The human model: Primate perspectives*. New York: Wiley.（梶田正巳・酒井亮爾・中野靖彦（訳）（1985）『ヒューマン・モデル ── サルの学習と愛情』黎明書房）

Harris, M., Jones, D. & Grant, J.（1983）The nonverbal context of mothers' speech to infants. *First Language, 4*, 21-30.

長谷川眞理子・長谷川寿一（2007）『放送大学教材　進化と人間行動』放送大学教育振興会

長谷川寿一・長谷川眞理子（2000）『進化と人間行動』東京大学出版会

Hebb, D. O.（1972）*A textbook of psychology*（3rd edition）. Saunders.

Heckhausen, J. & Schulz, R.（1995）A life span theory of control. *Psychological Review, 102*, 284-304.

Horn, J. M.（1983）The Texas Adoption Project: adopted children and their intellectual resemblance to biological and adoptive parents. *Child Development, 54*, 268-275.

保坂亨・岡村達也（1992）「キャンパス・エンカウンター・グループの意義とその実施上の試案」『千葉大学教育学部研究紀要』第 1 部, *40*, 113-122.

法務省（2008）『平成 20 年版　犯罪白書』

Howes, C., Rodning, C., Galluzzo, D. C. & Myers, L.（1988）Attachment and child care: Relationships with mother and caregiver. *Early Childhood Research Quarterly, 3*, 403-416.

Imai, M. & Haryu, E.（2001）Learning proper nouns and common nouns without clues from syntax. *Child Development, 72*, 787-803.

Imai, M., Haryu, E., & Okada, H.（2005）Mapping novel nouns and verbs onto dynamic action events: Are verb meanings easier to learn than noun meanings for Japanese children? *Child Development, 76*, 340-355.

Inhelder, B. & Piaget, J.（1955）*De la logique de l'enfant? la logique de l'adolescent*. Presses Universitaires De France.

International Gallup Poll（1997）Family values differ sharply around the world. International Gallup Poll press release, Oct. 10. GLOBAL STUDY OF FAMILY VALUES An International Gallup Poll.

Jaques, E.（1965）Death and the midlife crisis. *International Journal of Psychoanalysis, 46*, 502-514.

Jensen, A. R.（1968）Social class, race, and genetics: Implications for education. *American Educational Research Journal, 5*, 1-42.

Johnson, M. H., Dziurawiec, S., Ellis, H., & Morton, J.（1991）Newborns' preferential tracking of face-like stimuli and its subsequent decline. *Cognition, 40*, 1-19.

Jung, C. G.（1946）*Die Lebenswende in Seelenproblems der Gegenwart*.（鎌田輝男（訳）（1979）「人生の転換期」『現代思想・臨時増刊』 Vol.7-5, 42-55, 青土社）

perception: Hiding objects from others. *Child Development, 49*, 1208-1211.

Freitag, M., Belsky, J., Grossmann, K., Grossmann, K. E. & Scheuerer-Engliseh, H.（1996）Continuity in parent-child relationships from infancy to middle childhood and relations with friendship competence. *Child Development, 67*, 1437-1454.

Fry, P. S., & Addington, J.（1984）Professionals' negative expectations of boys from father-headed single-parent families: Implications for the training of child-care professionals. *British Journal of Developmental Psychology, 2*, 337-346.

Gallup, G. G., Jr.（1970）Chimpanzees: Self-recognition. *Science, 167*, 86-87.

Galton, F.（1869）*Hereditary genius: An inquiry into its laws and consequences*. Macmillan and Co.

Garber, H.（1988）*The Milwaukee project: Preventing mental retardation in children at risk*. American Association on Mental Retardation.

Gentner, D.（1982）Why nouns are learned before verbs: Linguistic relativity versus natural partitioning. In S. A. Kuczaj（Ed.）, *Language development, vol.2, Language, thought, and culture*. Hillsdale, 301-334. N.J.: L. Erlbaum.

George, L. K.（1990）Social structure, social process, and social-psychological states. In R. H. Binstock & L. K. George（Eds.）, *Handbook of aging and social sciences*（Third Edition）Academic Press.

Gesell, A. & Thompson, H.（1929）Learning and growth in identical twin infants. *Genetic Psychology Monographs, 6*, 1-124.

Gewertz, D.（1981）A historical reconsideration of female dominance among the chambri of Papua New Guinea. *American Ethnologist, 8*, 94-106.

Gilligan, C.（1982）*In a different voice: Psychological theory and women's development*. Cambridge, MA: Harvard University Press.（岩男寿美子（訳）（1986）『もうひとつの声 ── 男女の道徳観のちがいと女性のアイデンティティ』川島書店）

Goddard, H. H.（1912）*The Kallikak family: A study in the heredity of feeble-mindedness*. New York: Macmillan.

権藤恭之・古名丈人・小林江里香・岩佐一・稲垣宏樹・増井幸恵・杉浦美穂・藺牟田洋美・本間昭・鈴木隆雄（2005）「超高齢期における身体的機能の低下と心理的適応 ── 板橋区超高齢者訪問悉皆調査の結果から」『老年社会科学』*27*, 327-338.

Goossens, F. A. & van IJzendoorn, M. H.（1990）Quality of infants' attachments to professional caregivers: Relation to infant-parent attachment and day-care characteristics. *Child Development, 61*, 832-837.

Gottesman, I. I.（1974）Developmental genetics and ontogenetic psychology. In A. Pick（Ed.）, *Minnesota symposium of child psychology*, Minneapolis: University of Minnesota Press, pp.55-80.

Groos, K.（1998）*The play of animals*. Translated by Baldwin, E. L. New York: Appleton.

Hall, G. S.（1904）*Adolescence: Its psychology and its relations to physiology, anthropology, sociology, sex, crime, religion and education*. New York: Appleton.

Gerontology, 21, 1-8.

DeVries, R.（1969）Constancy of generic identity in the years three to six. *Monographs of the Society for Research in Child Development*, 34.

Deykin, E. Y., Jacobson, S., Solomon, M. & Klerman, G.（1966）The empty nest: Psychosocial aspects of conflict between depressed women and their grown children. *The American Journal of Psychiatry, 122*, 1422-1426.

Downey, D. B. & Powell, B.（1993）Do children in single-parent households fare better living with same-sex parents? *Journal of Marriage and the Family, 55*, 55-71.

Dugdale, R. L.（1877）*The Jukes: A study in crime, pauperism, disease and heredity*. New York: G. P. Putnam & Sons.

Eccles, J.（1994）*How the self controls its brain*. Berlin: Springer-Verlag.（大野忠雄・斎藤基一郎（訳）（1998）『自己はどのように脳をコントロールするか』シュプリンガー・フェアラーク東京）

Eimas, P., Siqueland, E., Jusczyk, P. & Vigorito, J.（1971）Speech perception in infants. *Science, 171*, 303-306.

Elkind, D.（1967）Egocentrism in adolescence. *Child Development, 38*, 1025-1034.

Ellis, M. J.（1973）*Why people play*. NJ: Prentice-Hall.（森楙・大塚忠剛・田中亨胤（訳）（2000）『人間はなぜ遊ぶか ―― 遊びの総合理論』黎明書房）

Epley, N., Keysar, B., Van Boven, L., & Gilovich, T.（2004）Perspective taking as egocentric anchoring and adjustment. *Journal of Personality and Social Psychology, 87*, 327-339.

Epley, N., Morewedge, C. K. & Keysar, B.（2004）Perspective taking in children and adults: Equivalent egocentrism but differential correction. *Journal of Experimental Social Psychology, 40*, 760-768.

Erikson, E. H.（1950）*Childhood and society*. NY: Norton.（仁科弥生（訳）（1977）『幼児期と社会 1』みすず書房；仁科弥生（訳）（1980）『幼児期と社会 2』みすず書房）

Erikson, E. H.（1959）*Identity and the life cycle*. International University Press.（小此木啓吾（訳）（1973）『自我同一性 ―― アイデンティティとライフ・サイクル』誠信書房）

Erikson, E. H.（1968）*Identity：Youth and crisis*. N.Y.: Norton.（岩瀬庸理（訳）（1973）『アイデンティティ ―― 青年と危機』金沢文庫）

Erikson, E. H.（1997）*The life cycle completed*. Extended version with new chapters on the Ninth Stage of Development by Joan M. Erikson. New York: Norton.（村瀬孝雄・近藤邦夫（訳）（2001）『ライフサイクル、その完結〈増補版〉』みすず書房）

Estabrook, A. H.（1916）*The Jukes in 1915*. Carnegie Institution of Washington.

Fantz, R. L.（1961）The origin of form perception. *Scientific American, 204*, 66-72.

Fantz, R. L.（1964）Visual experience in infants: Decreased attention to familiar patterns relative to novel ones. *Science, 146*, 668-670.

Flavell, J. H, Shipstead, S. G. & Croft, K.（1978）Young children's knowledge about visual

Spatial mechanisms. serving joint visual attention in infancy. *British Journal of Developmental Psychology, 9*, 55-72.

Caudill, W. & Weinstein, H. （1969） Maternal care and infant behavior in Japan and America. *Psychiatry, 32*, 12-43.

Chipperfield, J. G., Perry, R. & Menec, V. H. （1999） Primary and secondary control enhancing strategies: Implications for health in later life. *Journal of Aging and Health, 11*, 517-539.

Chrlstiansen, K. & Knussmann, R. （1987） Sex hormones and cognitive functioning in men. *Neuropsychobiology, 18*, 27-36.

Clark, E. （1973） What's in a word? On the child's acquisition of semantics in his first language. In T. E. Moore （Ed.）, *Cognitive development and the acquisition of language*, Academic Press.

Colby, A., Kohlberg, L, Gibbs, J. & Lieberman, M. （1983） A longitudinal study of moral judgment. *Monographs of the Society for Research in Child Development. 48*, 124.

Condon, W. S. & Sander, L. （1974） Neonate movement is synchronized with adult speech. Interactional participation and language acquisition. *Science, 183*, 99-101.

Conley, D. （2004） *The pecking order: A bold new look at how family and society determine who we become*. New York: Pantheon.

Cook, M. & Susan, M. （1989） Observational conditioning of fear to fear-relevant versus fear-irrelevant stimuli in rhesus monkeys. *Journal of Abnormal Psychology, 98*, 448-459.

Cosmides, L. （1989） The logic of social exchange: Has natural selection shaped how humans reason? Studies with the Wason selection task, *Cognition, 31*, 187-276.

Costa P. T. Jr., Terracciano, A. & McCrae, R. R. （2001） Gender differences in personality traits across cultures: Robust and surprising findings. *Journal of Personality and Social Psychology, 81*, 322-331.

Crook, C. K. & Lipsitt, L. P. （1976） Neonatal nutritive sucking: Effects of taste stimulation upon sucking rhythm and heart rate. *Child Development, 47*, 518-522.

Daly, M. & Wilson, M. （1988） *Homicide. Aldine De Gruyter.* （長谷川眞理子・長谷川寿一（訳）（1999）『人が人を殺すとき ── 進化でその謎をとく』新思索社）

David, H. P. （2006） Born unwanted, 35 years later: The Prague study. *Reproductive Health Matters, 14*, 181-190.

Dawkins, R. （1976） *The selfish gene*. Oxford University Press （日高敏隆・岸由二・羽田節子・垂水雄二（訳）（2006）『利己的な遺伝子（増補新装版）』紀伊国屋書店）

De Lisi, R & Staudt, J. （1980） Individual differences in college students' performance on formal operations tasks. *Journal of Applied Developmental Psychology, 1*, 201-208.

DeCasper, A.J. & Fifer, W.P. （1980） Of human bonding: Newborns prefer their mothers' voices. *Science, 20@*, 1174-1176.

Dennis, W. （1966） Creative productivity between the ages of 20 and 80 years. *Journal of*

Bandura, A., Ross, D. & Ross, S. A.（1963）Imitation of film-mediated aggressive models. *Journal of Abnormal and Social Psychology, 66*, 3-11.

Bertenthal, B. I. & Fischer, K. W.（1978）Development of self-recognition in the infant. *Developmental Psychology, 14*, 44-50.

Birditt, K. S., Fingerman, K. L. & Almeida, D. M.（2005）Age differences in exposure and reactions to interpersonal tensions: A daily diary study. *Psychology and Aging, 20*, 330-340.

Borgerhoff Mulder, M.（1998）Demographic transition: Are we any closer to an evolutionary explanation? *Trends in Ecology and Evolution, 13*, 266-270.

Bouchard Jr, T. J. & McGue, M.（1981）Familial studies of intelligence: A review. *Science, 212*, 1055-1059.

Bower, T. G. R.（1974）*Development in infancy*. San Francisco: W. H. Freeman.

Bower, T. G. R.（1979）*Human development*. Freeman.（鯨岡峻（訳）（1982）『ヒューマン・ディベロプメント』ミネルヴァ書房）

Bowlby, J.（1958）The nature of the child's tie to his mother. *International Journal of Psycho-Analysis, 39*, 350-373.

Bowlby, J.（1969）*Attachment and loss: Volume 1. Attachment*. London: Hogarth.（黒田実郎他（訳）（1977）『母子関係の理論Ⅰ　愛着行動』岩崎学術出版社）

Bradley, R. H. & Corwyn, R. F.（2002）Socioeconomic status and child development. *Annual Review of Psychology, 53*, 371-399.

Braine, M. D. S.（1963）The ontogeny of English phrase structure: The first phase. *Language, 39*, 1-13.

Bridger, W. H.（1961）Sensory habituation and discrimination in the human neonate. *American Journal of Psychiatry, 117*, 991-996.

Bronson, G.（1974）The postnatal growth of visual capacity. *Child Development, 45*（4）, 873-890.

Brown, R. & Bellugi, R.（1964）Three processes in the child's acquisition of syntax. *Harvard Educational Review, 34*, 133-151.

Bruner, J. S.（1964）The course of cognitive growth. *American Psychologist, 19*, 1-15.

Bruner, J. S., Oliver, R. R. & Greenfield, P. M.（1966）*Studies in cognitive growth: A collaboration at the Center for Cognitive Studies*. NY: John Wiley.（岡本夏木・奥野茂夫・村川紀子・清水美智子（訳）（1968,1969）『認識能力の成長（上・下）』明治図書）

Butler, R. N. & Gleason, H. P.（1985）*Productive aging: Enhancing vitality in later life*. N.Y.: Springer.（岡本祐三（訳）（1998）『プロダクティブ・エイジング ―― 高齢者は未来を切り開く』日本評論社）

Butterworth, G.（2003）Pointing is the royal road to language for babies. In S. Kita（Ed.）, *Pointing: Where language, culture, and cognition meet*, NJ: Lawrence Erlbaum.

Butterworth, G. E. & Jarrett, N. L. M.（1991）What minds have in common is space:

引用文献

Achenbaum, W. A.（1993）（When）did the papacy become a gerontocracy? In K. W. Schaie & W. A. Achenbaum（Eds.）, *Social impact on aging: Historical perspectives*. 204-231. New York: Springer.

Acredolo, L. & Goodwyn, S.（1988）Symbolic gesturing in normal infants. *Child Development, 59*, 450-466.

Ainsworth, M. D. S., Blehar, M. C., Waters, E., & Wall, S.（1978）*Patterns of attachment: A psychological study of the strange situation*. Hillsdale, NJ: Erlbaum.

Amato, P. R. & Keith, B.（1991）Parental divorce and the well-being of children: A meta-analysis. *Psychological Bulletin, 110*, 26-46.

Anderson, K. G., Kaplan, H. & Lancaster, J.（1999）Paternal care by genetic fathers and stepfathers I: Reports from Albuquerque men. *Evolution and Human Behavior, 20*, 405-431.

Anderson, K. G., Kaplan, H., Lam, D & Lancaster, J.（1999）Paternal care by genetic fathers and stepfathers II: Reports by Xhosa High School students. *Evolution and Human Behavior, 20*, 433-451.

Aronson, E. & Rosenbloom, S.（1971）Space perception in early infancy: Perception within a common auditory-visual space. *Science, 172*, 1161-1163.

Arthaud-Day, M. L., Rode, J. C., Mooney, C. H., & Near, J. P.（2005）The subjective well-being construct: A test of its convergent, discriminant, and factorial validity. *Social Indicators Research, 74*, 445-476.

東洋（1969）「知的行動とその発達」岡本夏木ほか（編）『児童心理学講座　第4巻　認識と思考』金子書房

東洋（1994）『日本人のしつけと教育』東京大学出版会

東洋・唐沢真弓（1989）「道徳的判断過程についての比較文化的研究 ―― 逐次明確化方略による試み」『発達研究』*5*, 185-190.

東洋・柏木恵子・R. D. ヘス（1981）『母親の態度・行動と子どもの知的発達 ―― 日米比較研究』東京大学出版会

Bailey, J. M. & Pillard, R. C.（1991）A genetic study of male sexual orientation. *Archives of General Psychiatry, 48*, 1089-1096.

Baillargeon, R., Spelke, E. S. & Wasserman, S.（1985）Object permanence in five-month-old infants. *Cognition, 20*, 191-208.

Bakeman, R. & Brownlee, J. R.（1980）The strategic use of parallel play: A sequential analysis. *Child Development, 51*, 873-878.

Baltes, P. B. & Smith, J.（2003）New frontiers in the future of aging: From successful aging of the young old to the dilemmas of the fourth age. *Gerontology, 49*, 123-35.

た行

は行

ま行

や行

ら行

わ行

ま行

や行

ら行

人名索引

あ行

か行

さ行

た行

な行

は行

事項索引

著者紹介

高橋　晃（たかはし　あきら）
武蔵野大学教育学部教授。
東京大学文学部心理学科卒業。同大学院博士課程単位取得後退学。文学修士。
専門は発達心理学、文化心理学。
共著に
『実験心理学』（東京大学出版会）
『発達心理学ハンドブック』（福村出版）
『キーワードコレクション　心理学』（新曜社）
などがある。

新曜社
キーワード心理学 5
発達

初版第 1 刷発行　2011年 6 月 1 日
初版第 2 刷発行　2017年 1 月21日

著　者　高橋　晃
監修者　重野　純・高橋　晃・安藤清志
発行者　塩浦　暲
発行所　株式会社 新曜社
〒101-0051 東京都千代田区神田神保町3 - 9
電話（03）3264-4973（代）・Fax（03）3239-2958
e-mail: info@shin-yo-sha.co.jp
URL http://www.shin-yo-sha.co.jp/

印刷所　銀河
製本所　イマヰ製本所

ISBN978-4-7885-1234-4　C1011

〈キーワード心理学〉シリーズ

第4巻　学習・教育　　山本　豊 著　定価1995円（税込）

生きている限り学び続ける人間の心の働きを解明しようとする「学習心理学」。「パブロフの犬」の話、テレビは子どもの暴力を助長するか、やる気のなさはどうして生じるのか、など身近なトピックを手がかりに、学習メカニズムの基本的な事項とそれらの教育への応用を、30のキーワードでやさしく解説します。

【以下続刊】

6　臨床　春原由紀著
7　感情・ストレス・動機づけ　浜村良久著
8　障害　大六一志著
9　犯罪・非行　黒沢香・村松励著
10　自己・対人行動・集団　安藤清志著
11　パーソナリティ・知能　杉山憲司著
12　産業・組織　角山剛著